瓷元品鉴

李振华 著

内蒙古人民出版社

图书在版编目（CIP）数据

元瓷品鉴/李振华著.—呼和浩特：内蒙古人民出版社，2016.4

ISBN 978-7-204-13958-3

Ⅰ．①元…　Ⅱ．①李…　Ⅲ.①瓷器（考古）—鉴赏—中国—元代　Ⅳ．①K876.3

中国版本图书馆CIP数据核字（2016）第078010号

元瓷品鉴

作　　者	李振华
责任编辑	李向东　马燕茹
封面设计	刘那日苏
版式设计	徐明伟
责任校对	李好静
责任印制	王丽燕
出版发行	内蒙古人民出版社
地　　址	呼和浩特市新城区中山东路8号波士名人国际B座
网　　址	http://www.nmgrmcbs.com
印　　刷	鄂尔多斯市桥头堡印刷有限责任公司
开　　本	880mm×1230mm　1/16
印　　张	29
字　　数	200千
版　　次	2017年1月第1版
印　　次	2017年1月第1次印刷
印　　数	1—2500册
书　　号	ISBN 978-7-204-13958-3/J·702
定　　价	168.00元

如发现印装质量问题，请与我社联系，联系电话：（0471）3946120　3946169

前　言

"你晓得，天下黄河几十几道弯？……"

这首苍凉、激越的"信天游"人们不知唱了多少年，问过了多少客，但至今也没有一个明确的答案。然而，黄河水依然在流，"信天游"依然在唱。

中华民族的历史就如同滔滔的黄河水，经过了多少曲折，闯过了多少险滩，留下了多少谜团，至今又有谁能说清呢？这也许就是中华文化博大精深的一个特征吧。作为一个华夏儿女，谁不为自己祖先创造的灿烂文明而自豪，谁不想让这古老的文明在新世纪重放异彩呢！

中国古陶瓷，是华夏文明产生的一朵奇葩，是中国传统文化的一个特殊符号，也是让全世界为之着迷、为之倾倒的瑰宝。研究古陶瓷，寻找已被历史所掩埋、至今还没有被认知的东西，是时代的需要，也是对我们的挑战。

近些年来，从世界各国来考察元朝历史遗迹的科考队，携带各种仪器，千方百计来寻找元代的历史遗存。由此可见，元朝在世界历史上的影响力之大。我们中国人当然也不会等闲视之，近几年，中国文化界对元朝的研究方兴未艾，已经找到了元中都遗址和大量元代文物。这是一场智慧的博弈，我们深知对手的实力，但我们更相信华夏儿女的智慧和力量。改革开放后，我国涌现出了一大批珍视、保护古文物的有识之士，国人占有天时、地利、人和，只要我们勇于承担文物保护的历史重担，就一定会在元瓷研究方面后来居上！

经过十余年的努力，我们对元瓷的追踪终于有了令人欣喜的成果。一批元官府用瓷失而复得重现于世，它们带着当年的大漠之风、帝王之气向世人走来。让我们穿越千年时空，以全新的视野，去审视、品鉴这些震撼人心的瓷艺瑰宝吧！

【目 录】

后记

中国文明在科学技术史上曾起过从来没有被认识到的巨大作用。

——【英】李约瑟

【破译元官窑】

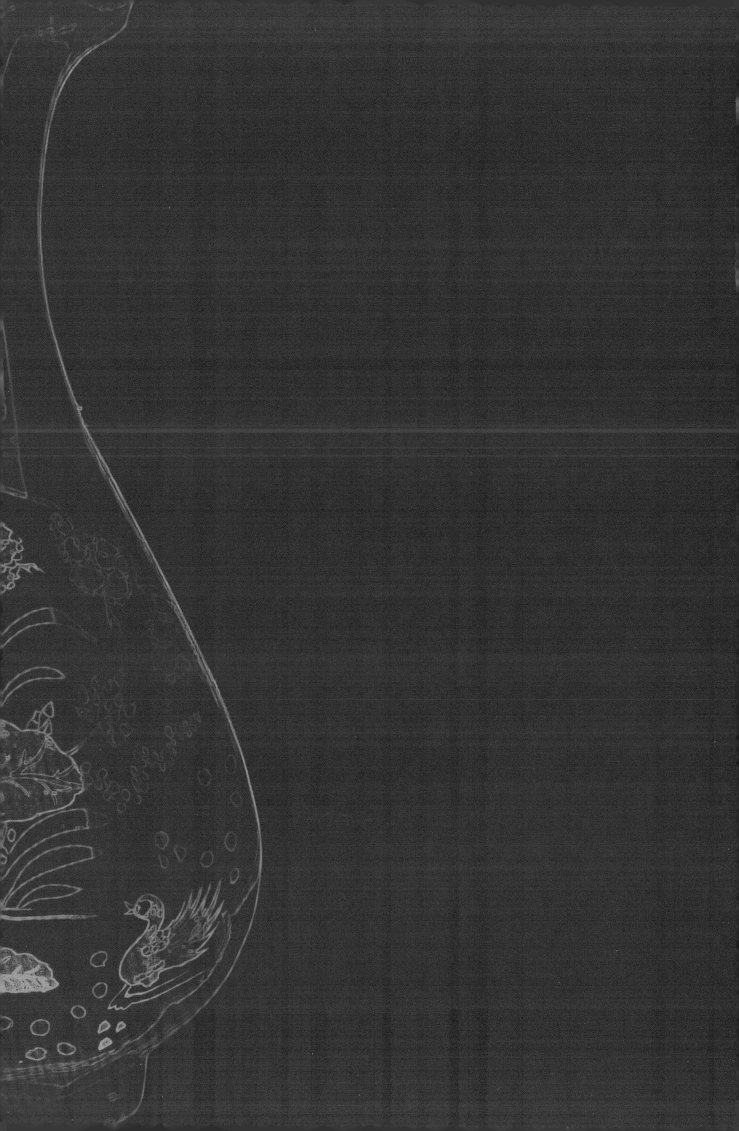

第一节
元青花——历尽沧桑的文化使者

2005 年 7 月 12 日，是个令国人难以忘却的日子，一件中国的元代青花瓷罐，在英国伦敦佳士德拍卖会上被拍出近 2.3 亿人民币的天价。转眼十年过去了，那件天价青花瓷罐带来的冲击波从落槌那一刻起，便在中国的大街小巷回荡，成为街谈巷议的一个新话题。

从此，一个关于元青花瓷的故事，以各种方式传播。我是一个从小就喜欢听故事的人，头一次听到由外国人向我们讲述关于中国国宝的故事，第一感觉是不可思议！我们自己全然不知前人所创造的文化，反由外国人讲给我们听，自觉太难堪，太愧对祖先了！但这一切都是真的，绝不是黑色幽默。难怪当年拿破仑称中国人是东方睡狮呢！我们这个拥有五千年文明史的东方古国，其臣民在近代昏昏然一睡就是百年，当我们从噩梦中惊醒时，老祖先经历千辛万苦为我们留下的许多宝贝早已不翼而飞，而我们竟不知它们曾经存在。当外国人拿出中国宝物向我们炫耀时，我们才如梦初醒。原来这些瓷器不仅是中国人的宝贝，也是全人类的宝贝。

我作为一个新闻工作者，关注重大事件的发展，追溯事件发生的渊源责无旁贷。于是，我开始用心解读元青花故事中的每一个细节，求证、链接每一个和元青花相关的线索后，才看清这是一个没有讲完的故事。在 2.3 亿元青花大罐背后，还戏中有戏，它藏着更多出人意料的情节，需要我们去挖掘。为此，我把元瓷研究作为一个重大选题，开始了默默的历史追踪。

为了发现其历史真相，我像中国古人寻找桃花源那样，驾着知识的小舟，逆流而上，驶入了七百多年前的元朝，推开了古文物世界之门，探究了元朝诸位皇帝和大臣的行踪……经过十年的寻寻觅觅、上下求索，我终于发现了那个人迹罕至的"青花源"，其中的景致和故事精彩至极，让我眼界大开，自觉不虚此行。为此，我愿把在"青花源"里的所见所闻分享给世人，让我们共同穿越七百年的时光隧道，去见证元瓷家族的历史真相。

七百多年前，中国的元瓷家族诞生在中国的瓷都景德镇，那里山清水秀，资源丰富，曾是北宋创建的御窑场。元瓷一出世就不是"小家碧玉"，而是"大家闺秀"。它系出名门，身世显赫，风情万种，无数达官贵人把它视如珍宝，以拥有它为荣为傲。因此，元瓷在七百年前曾风靡世界。它绝对是世界名牌，各种肤色的人都亲切地叫它"china"。它漂洋过海，踪迹遍布全世界 50 多个国家和地区。然而，好景不长。突然有一天，呼啦啦好似大厦倾，大元帝国如一场盛宴戛然而止。元瓷的命运也急转直下，国人说它"非唐、非宋，不清、不明"，不值一提！从此"嫁与东风春不管，凭尔去，忍淹留"。

八十多年前的一天，一个有学问的英国绅士认出了漂泊在英国的一对元青花瓷瓶。他通过瓷器自身的

破译元官窑

铭文弄清了它们的身份，兴奋地把它们称为"宝贝"。他热情洋溢地向全世界讲述了自己的重大发现，引起了人们的好奇。后来，另一个美国博士又在土耳其的豪华宫殿里找到了元青花的兄弟姐妹，并为它们著书立说，高度赞美它们的价值。从此，元青花的身世在海外越来越受关注，它们家族的身价也开始提升。十年前，在国外的一次拍卖会上，一件浪迹海外的元青花大罐被拍出了2.3亿元人民币的天价，一夜之间，元青花故乡的人们也对它刮目相看，以自己的先人们能制造出它为荣为傲，并公认它为国宝。由此可见，元青花的命运充满了戏剧性。七百年前，它以中国文化使者的身份走进了世界各个角落，向接触过它的人们展示自身的美好，令那些喜爱它的人对它的出生地——中国，充满了向往。

如今，中国正在进行伟大的文化复兴，每一个公民都有让世界了解中国的

责任。为此，我愿意向世界各地喜爱青花瓷的人们讲述一个有关元瓷的故事……

第二节
瓷文化是华夏文明的一朵奇葩

一捧土、一瓢水、一把火，通

破译元官窑

过我们老祖先一双灵巧的手，就做成了一个吃饭的碗，盛水的罐。这是中华民族在大约一万年前的杰作。这也是人类最初用物理和化学的方法改变了泥土的特性，人类生活从此走入了新时代。

随着制陶经验的累积，我们的老祖宗又把金属元素加了进去。含铁的原料提高了陶器的硬度，含铅的釉料降低了釉的熔点，增加了釉面的亮度，让铁、铜着色剂呈现出美丽的绿、黄、褐色等，令陶器的表面光滑美观。

金、木、水、火、土，这是华夏民族通过对宇宙万物的观察和探索，总结出的"五行"学说。当他们利用这五种物质相生相克的特点，将它们有序地组合在一起后，奇迹出现了，一件件精美的彩陶绚丽斑斓，千姿百态，它是我们祖先智慧的结晶。

岁月悠悠，大约在三千年前，久远的商代就烧出了不吸水、坚固耐用的原

始青瓷。到了东汉晚期，青瓷的烧制技术已达成熟。

中国制瓷业的发展动力来源于独特的东方文化。郭沫若先生曾经说过："中国古陶瓷发展的历史，就是中华民族发展的历史。"因此，研究元朝的制瓷业历史，应当从中华五千年的历史源头开始。

在中国古代，华夏先人对世间

万物及宇宙有着独到的见解，他们很重视观察天象，认为宇宙本体似有似无、非有非无的不确定的状态就是"象"，"仰则观象于天，俯则观法于地"。中国先人认为天地是个大器，人在天地间的一切活动，都应"法天象地"。这是造物的总法则。"象"就是华夏艺术中的"一"，它囊括了中华民族一切创造活动。"制器尚象"的造物总法则让我们老祖先的精神生活上了一个新台阶，他们从一花一叶中体悟宇宙自然的大生命，饶有情致地生活在天地之间。"观乎天文以察时变，观乎人文以化成天下"。所以，中华民族的古老图形、器皿、雕塑、乐舞、书画等都体现出"大象"之美。先人们在茫茫宇宙到处都发现了无形的"象"，他们用艺术的手法把它概括为可见的"形"，如：太极图、玉琮等。他们又在有限的"形"里区分出层次，"形而上者谓之道，形而下者谓之器"。这是东方文化艺术与西方文化艺术最大

的差异。

老子说："道之为物，惟恍惟惚，惚兮恍兮，其中有象……"中华哲学的"道"，就藏在恍惚混沌的"象"里，藏在寓"象"于形的"器"里。

传说，大禹在建立夏朝以后，用天下九牧所贡之金铸成九鼎，象征九州。

从此，鼎就从烹饪之器转变为国之重器。

在商周时代，鼎又是旌功记绩的礼器。周代的国君或王公大臣在重大的庆典或接受赏赐时都要铸鼎。鼎内均有文字记载。同时，鼎也是贵族用做"别上下、明贵贱"的权力的象征。

"国家大事，在祀与戎"。商周两代的统治者认为，国家的最大事物莫过于祭祀和对外战争。这一思想对中国历朝历代都产生了深远的影响。中国的历代皇帝都以"天子"自居。而"受命于天"的媒介就源于盛大的祭祀活动。因而，祭坛上的礼器从商代盛行，青铜具有优良的铸造性、抗磨性和化学稳定性。用它铸造的礼器无论造型和纹饰都极其精美。当先人们把它放在高高的祭坛上，看见香烟缭绕烛火通明时，似乎感到天地已沟通为一体，皇权的神圣不容置疑，皇帝所说的话理所当然就是"圣旨"。这种场面是中国"天人合一"哲学观念在政治活动中的完美体现。

当青铜时代过去后，祭祀的礼器也

随着时代的发展不断更新，青瓷工艺日臻完美。它自然而然地取代了青铜的位置，但青瓷礼器最初的造型和名称基本还是源于青铜器。

中国制瓷业从一开始就有"器"与"具"之分，并朝着两个方向发展，一为礼器，为神所用，是政坛不可或缺的"道具"。豪华气派，用之寓"道"，用之藏"礼"，用之藏"象"。

破译元官窑

二为日用品，为人所用，是芸芸众生每日必用的餐具，精巧典雅，美观耐用。这两极发展交相辉映，使得中国的制瓷业几千年来蓬勃发展，长盛不衰。

瓷器的使用在唐代更为普及，不少地方形成了风格各异的瓷窑体系。《陶录》称："陶至唐而盛，始有窑名。"

唐朝盛行佛教。据史载：唐代曾有八个皇帝六次迎法门寺的佛骨在皇宫中供奉，在盛大的礼佛活动中，浙江越窑制作的秘色瓷被皇家指定为御用贡品。秘色瓷的精美曾被中国古代诗人用"九秋风露越窑开，夺得千峰翠色来"、"巧剜明月染春水，轻施薄冰盛绿云"来形容。后人对秘色瓷神往了千年，却一直不能确认此瓷真容。直到1987年4月3日，考古工作者在陕西扶风县法门寺出土的14件秘色瓷，才让人们重新目睹了皇家贡品的神采。

宋代是中国陶瓷发展的黄金年代，

有官窑、私窑之分，并出现了御窑。1004年，即北宋景德元年，宋真宗赵恒下旨在江西浮梁县昌南镇办御窑，所制瓷器的底部有"景德年制"四字款。从此，中国瓷都景德镇就这样诞生了。

宋真宗在位25年，提倡佛、道、儒。广建宫观，封禅泰山，祭祀活动繁多，从而促进了制瓷业的发展，一批名瓷名窑相继涌现。

破译元官窑

宋徽宗即位后，信奉道教，称自己是"教主道君皇帝"。道教主张"道法自然、清极遁世"。道教对青色的追求，直接影响了宋徽宗的审美意识，所以，宋代的瓷器颜色以素雅、宁静、内敛为基调，瓷器花纹崇尚自然形成的金丝铁线，造型清秀。

由此可见，中国的制瓷业从一出世就在华夏民族追求"大象"之美的文化背景与哲学背景下被赋予了艺术生命，它是华夏先民创造出来的一种特殊的文化符号，犹如一朵奇葩，把古老的中华民族的智慧与创造力展示得淋漓尽致。

第三节
独辟蹊径的元瓷发展之路

古老的中国制瓷业，其产生和发展过程都是从一家一户的小窑口开始的。例如哥窑、弟窑，至今还有很多传说。

而元朝的制瓷业，一面世就在景德镇先设立了国家制瓷的行政机构——浮梁瓷局。这使很多研究中国古陶瓷的专家学者一头雾水，认为元瓷有很多难以解开的谜。

一、元瓷为什么没有初创期

提这些问题的人其实都是按常规研究中国传统窑口的人。当他们

破译元官窑

形成一定的思维定式后，自然去寻找元早期窑口，结果令他们很失望——元瓷没有初创期。这似乎不符合常理，但历史就是历史，任何人想要读懂它，必须先要尊重它。

众所周知，大蒙古国在改国号"元"之前，就已经存在几十年了。所以，研究元朝历史就必须从它的前身大蒙古国开始。

1206年，蒙古族首领铁木真征服了草原上众多部落，建立了强大的蒙古帝国。他被推举为大汗——成吉思汗。大蒙古国在成吉思汗的领导下，高举复仇之剑，挥动"上帝之鞭"，万里西征横扫西亚，又长驱直入打开欧洲大门。从而开创了一个横跨欧亚的庞大帝国。

蒙古人非常务实，他们在战争中不杀匠人。把掌握各种技艺的工匠带回大蒙古国，让他们在后方制作武器和其他用品，"战争停止后又采取拘括办法，把各族工匠集中起来进行手工生产。据

史料记载：当时漠北蒙古早期的首都和林（故址在今蒙古国鄂尔浑河上游东岸哈尔和林），就是手工工匠集中的地方，有一整条街都住着匠民。据考古发掘的报道，仅和林一地就曾发现过十座冶炼炉和大量金属制作品，当地烧造的瓷器也被大量发现，其中多有从事烧制的汉族工匠的题名。"[①]

"1234年窝阔台灭金时，从

破译元官窑

中原俘虏大批汉人工匠带回蒙古草原。1235年窝阔台汗修筑城垣，建造以万安阁为中心的宫殿，又令诸王在皇宫四周兴建府邸。以后历年增建，据蒙哥汗时代亲历此城的西方旅行家描述，这个城市颇具规模，城内有各族商人聚集的回回街，有汉族工匠聚居的汉人街，有若干所衙署、十二座佛寺、两所清真寺、一所基督教堂。"[②]

1256年（蒙哥汗六年），在刘秉忠的筹划下，在桓州东滦水北修筑城郭宫室。经过三年营建，修起一个新的城市，定名开平（今内蒙古正蓝旗东）。

忽必烈曾于公元1274年夏天，在此接见了马可·波罗父子。

---

① 《蒙古族简史》（内蒙古人民出版社出版）第85页。

② 《蒙古族简史》（内蒙古人民出版社出版）第87页。

《马可·波罗游记》对宫城的豪华壮丽曾描写道："内有一个大理石的宫殿，甚美，有房舍内皆涂金，绘种种鸟兽花木，工巧之极，技术之佳，见之足以娱人心目。"①

通过翻阅这些历史记载，我们看到了元代手工业从一开始就是由国家直接组建和领导的，完全是官办手工业。它们在半个多世纪的发展中已实力雄厚，人才济济。而且实行"匠籍制"管理，工匠随时听从安排调动。

元灭南宋，建立起了一个统一的多民族的大帝国。因为忽必烈制定了遵行汉法的基本国策，所以元朝的庆典活动皆按中国传统的宫廷典章制度行事。元朝的太庙已在大都建好，祭祀祖先需要大量的礼器，宫廷宴会需要大量的餐具酒具，这么大的需求量，是所有小窑口难以胜任的。因此，元朝政府于1278年在宋朝景德镇御窑场的所在地浮梁县设了一个国家制瓷业行政机构——浮梁瓷局。随后，大批工匠搬迁到景德镇开工生产。这是研究中国传统窑口的专家学者难以想象的事，所以他们找不到元瓷的初创期。如果非要解开这个谜，只有到和林去考察了。

二、元瓷的绘画为什么是蓝色的

在元瓷的品种中，青花瓷无疑是数量最大的，它的行销范围也是最广的。

目前在世界上很多个国家都可能找到元青花瓷器的残片，所以在人们印象中元瓷的绘画是蓝色的。元朝为什么在瓷器上用蓝色绘画？这与市场的需求是分不开的。蒙古人征服了西亚后，大量的回回商人涌进中国。中国丝绸、陶器是他们的最爱。随着商业往来日渐频繁，伊斯兰国家到中国订制瓷器，中国工匠按他们喜欢的造型、纹饰、色彩来生产，用他们喜欢的蓝色绘制是理所当然的。所以，元青花的绘画风格充满了异国风情。从此，中国古老的丝绸之路又变成了陶瓷之路。在一幅十五世纪的绘画中，生动地描绘了陶瓷之路的场景：画面上是匆匆行走的人流，有骑毛驴的贵妇人，也有推车的男人，车上放着硕大的青花瓷罐和酒具，大罐的四周还塞满小罐。路旁站着的人也有抱着青花瓷的，还有人手持长矛走在前面，整个画面非常热闹。从这幅画中我们看出，西域人是多么喜欢青花瓷。

三、元瓷为什么器形硕大

元代在中国陶瓷史上处于承上启下的重要时期，元代制瓷业是宋、金制瓷

① 《蒙古族简史》（内蒙古人民出版社出版）第89页。

业的继续和发展，但它一改宋瓷的文弱清秀，以造型硕大、色彩浓艳、花纹装饰繁缛而著称，这与蒙古人的生活、性格是浑然一体的。遥想成吉思汗的后代，金戈铁马，常年在苍茫的大漠荒原奔突鏖战，他们所创造的艺术怎能不带有强劲的大漠之风呢？

如果以宋代的样式生产，则无法满足他们的需要，必须制作器型

硕大、胎体厚重的大盘大罐等，才能满足游牧民族席地而坐、集体进餐的饮食习惯。元代的高足杯又称为马上杯，也是为游牧民族设计的。它的底足很高，摆放在地上便于拿起。元代日用陶瓷品设计师早已不是中原汉地的工匠，他们中很多人就是从异域被俘的匠人。他们对使用者的特点了如指掌，自然会有的放矢地进行设计。

有人说元代皇宫不喜欢使用瓷器，这是没有根据的。从一幅传世的《蒙古宴乐图》①中我们看到了元朝官员宴宾的生活场景。在豪华的宫殿里，官员们穿一色的"质孙服"，正在饮酒交谈。画面的最前面是一个漂亮的茶几，茶几上放着一个深色的大瓷瓶，茶几两边放着两个插满鲜花的小花瓶，在画面左下角摆着一个更大的瓷罐，一个仆人正弯腰去取酒。这幅画真实地再现了元朝的宫廷生活场景。蒙古人对酒的喜爱是由来已久的，塞北的寒冷、放牧生活的孤寂，导致人们对酒有特殊的感情。蒙古人还喜欢聚餐，一旦打到猎物，大家便会一起分享，大块吃肉，大口喝酒，且载歌载舞，不醉不归。汉族人使用的小酒具哪能够用，所以元代瓷器硕大也是酒文化的需要。

作为祭祀的礼器，元瓷的大件更为精美。被英国人霍布逊发现的那对青花龙纹象耳盘口瓶高 63.6 厘米，

是一个叫张文进的中国人向寺庙进献的礼器。这么大件的瓷器，宋以前的窑口难以做出。元瓷工匠在制作大型瓷器方面技术上有重大创新。他们用瓷石加高岭土二元配方制胎成功，一改拉坯成型的传统技艺，采用模制，把一个硕大的瓷体一分为四：口部、肩部、腹部、底部。分别用模具成形，然后横接一体。这种制作方法保证了瓷器造型更加精美。从近些年出土的元瓷来看，除官窑精品外，大多因为各个部分接合不很紧密而露出接胎痕。因此，接胎痕也成了很多古陶瓷专家对元瓷断代的一个重要依据。

四、元瓷为什么绘画题材众多

元瓷在绘画方面题材丰富、生动传

---

① 《中国名人速读》（光明日报出版社 2005 年 1 月出版）第 179 页。

神，它与宋瓷形成极大的反差。这种差别的根源可以追溯到宋徽宗赵佶和元世祖忽必烈的志趣追求方面。

宋徽宗信奉道教，追求"清极遁世"。因此，宋瓷的色调以青灰淡雅为主。而忽必烈则信仰广泛。他说："朕从年轻时就思大有为于天下。为此，朕精心地钻研儒学，拜汉人为老师。立国后，朕又努力推进汉法，张扬儒教。"

忽必烈也尊奉长生天和藏传佛教，封八思巴为国师。忽必烈对道教也十分崇信，建造了许多道观。同时他对伊斯兰教和基督教也予以尊重，允许他们在中国传教。

忽必烈的这些举措，为元朝的文化繁荣创造了宽松的环境，使元朝文化具有兼容多样务实的特征。

文化是相通的。当人们言之不尽就要歌，歌之不尽就会舞，而舞之不尽则需要画了。为了让生活中的美好瞬间成为永恒，景德镇瓷窑的画工把历史流传下的美好人物、场景画到了瓷器上，让它永驻人间。

元瓷绘画题材丰富：植物、动物、人物无所不画。尤其是龙纹图案，且画风激情奔放。透过这些画面，让世人看到一个疆域远胜汉唐的强大帝国蒸蒸日上的磅礴气势和充满希望的生命律动。时隔七百多年，元瓷绘画的魅力仍然令人惊叹。美国的约翰·波普博士在土耳

其国家博物馆见到元青花时，他回忆说："……那一刻，我的心在不住地颤抖，我不敢相信那一件件如蓝天白云般的瓷器全都是出自古代中国人之手。因为我以为只有万能的上帝之手才能造出如此恢宏、美妙绝伦的陶瓷作品。"

中国元代的陶艺，以其独特的风格、丰富的内容，展示了东方文化的魅力，堪称古代瓷艺之瑰宝。

第四节
从一件元代龙纹梅瓶见证黄金家族对中国传统文化的传承

在扬州市博物馆，有一件镇馆之宝——元代霁蓝釉白龙纹梅瓶。此瓶高43.8厘米，通体蓝釉晶莹透亮，托护着一条细颈双角雪白色的蛟龙，此龙昂首弓身，须发飘飘，龙爪横行，犹如在浩瀚的宇宙任意驰骋，也像在深邃的大海里翻腾遨游。这件瓷器似乎把中国儒、释、道文化集于一身，既有佛家的空灵，又有道家的静谧，还有儒家所倡导的"天行健，君子当自强不息"的豪情。此瓶的艺术魅力不可抵挡。它与世界名画《蒙娜丽莎》有异曲同工之妙，它虽然静止不动，却给人以呼之欲出之感，其强烈的视觉冲击力吸引了全世界的眼球。

这件梅瓶曾是当地人朱立衡的家传

宝贝。1976年发生地震，朱立衡怕此瓶因地震受到损毁，将它以18元的价格卖给了扬州文物商店。此瓶在文物店的库房里保存了若干年，1992年由国家级文物专家鉴定为元代瓷器，定为国家一级文物。

梅瓶是古人盛酒的酒具。元朝的蒙古族是游牧民族。他们最爱骏马雄鹰，为何在酒具上不画骏马雄鹰，而对汉文化崇拜的飞龙情有独钟？元朝是从何时接受了华夏文明所尊崇的龙文化？元朝在华夏文明的传承与发展中起到了什么作用？我们不妨以这件龙纹梅瓶为线索，探究元朝文化的内涵。

八百多年前，中国正处在四分五裂混战割据的状态。"星天旋转、诸国争战，连上床铺睡觉的工夫也没有，互相抢夺、掳掠……"在这个历史关头，一股力量从茫茫草原异军突起，成吉思汗统率着一支蒙古大军，迅速征服了西夏、金国，并向西征服了西亚诸国，创造了世界历史上的奇迹。1227年成吉思汗病死军中，他的子孙继承了他未竟的事业，攻灭西夏、金国、南宋，又将西藏、云南、新疆、东北、台湾等地都纳入自己的版图，结束了自唐朝以后的分裂割据局面，建立了一个统一的多民族的大帝国，实现了大一统。

成吉思汗能成为一代天骄，的确有他过人之处。他的胸襟、气度、眼光、

格局是同时代所有王者不可比拟的。成吉思汗出身于原始游牧部落，但他潜心学习汉文化，重用儒臣耶律楚材，主动向长春真人丘处机拜师求教，探讨经世治国之道，其思想观念发生了很大的转变。当他意识到了中国传统文化的博大精深之后，便有意识地吸收中国传统文化以促进蒙古文明的发展。成吉思汗迈出的一小步，是黄金家族的一大步。他的后代基本沿袭了他走过的道路，并发扬光大。尤其是他的后人忽必烈从小拜汉人为师，钻研儒学，立下了"大有为于天下"的雄心壮志。忽必烈的伟大抱负感召了当时中国儒、释、道各界精英，他们公认忽必烈是一条"漠北潜龙"。于是，他们纷纷投奔到忽必烈旗下，为他成就大业献计献策。忽必烈登基后，又建议取国号为"元"，这是从《易经》"大哉乾元"中选出来的，忽必烈闻奏大喜，欣然采纳。他又根据建元前的成功经验，确立了"遵行汉法"的基本国策。

大量事实证明，元朝的建立不仅是军事上金戈铁马的功劳，更是华夏文明的胜利。忽必烈继承了中国传统文化理念，使华夏文明薪火相传。元朝的龙纹梅瓶就是最好的见证。

第五节
追踪元官窑，还原历史本来面目

1988年5月，"景德镇陶瓷考古研究所在风景路（明御厂故址北端，即珠山北麓）发现了一批元代官窑的瓷器残片。经考证该类器物在元代是只有帝王才能享用的所谓'御用器'，而且认为这批出土的瓷器残片，是文宗

统治时期的官窑产品。"中国古陶瓷专家叶佩兰所著《元代瓷器》一书，记载了文物专家对元官窑瓷的重大发现。从报告上看，景德镇陶瓷考古研究所发现这批元代官窑瓷器残片属抢救性发掘。"由于该遗存的南面延伸在交通要道之下，北方叠压在现代建筑物底下，再加上工程紧迫，发掘条件极差，该处未能取得翔实的地层学方面的资料，更未发现纪年遗物，要确定残片的相对年代，就只能从标准学角度进行考察了。"[①]

这也是中国关于元官窑瓷器出土最权威、最确切的一次记录。从这个记录中我们了解到天历年元文宗复位后做的一件事：下令景德镇浮梁瓷局把为元明宗登基所烧制的御用瓷全部损毁，这些残片反而成了天历年政变的物证。中国历次改朝换代，都会伴随着刀光剑影的惨剧，一些相关联的珍贵文物也难逃噩运。不过，这些惨遭噩运的文物即使成

为碎片，它的历史价值依然不变。它已成为无声的证人，默默地为后人去解读那段历史，成了后人考察历史最有价值的物证。

幸好《元瓷新鉴》一书中介绍了五款元官窑实物：蓝釉白龙纹玉壶春瓶、蓝釉白龙纹梅瓶、蓝釉釉里红鱼纹梅瓶、红釉青花鱼纹葫芦三管瓶、红釉青花鱼纹玉壶春瓶。这些精美的元官

窑瓷器都是砚鸿先生发现的。这是继英国学者霍布逊、美国波普博士之后，全世界在元瓷研究领域的又一次重大发现。它为人们全面研究元瓷打开了一扇窗。然而，这次发现似乎并没有引起国内外文物界的重视，而是被后来出现的元青花大潮所覆盖了。

只有找到更多的元官窑瓷器实物，才能填补元朝历史遗留下来的空白，才能证实它们的存在和价值。于是，我开始留心对元官窑的报道。2008年7月出版的《马未都说收藏》一书中，马先生向人们介绍了一款元代带有"内府供官"铭文的孔雀绿釉大罐。此罐造型古朴端庄，色彩蓝中闪绿，罐口涂一圈金色，整个大罐漂亮极了，不知何年何月漂泊到了英国，孤零零地立在英国戴维德基

---

① 《元代瓷器》（叶佩兰著）第17页。

金会里供人欣赏。

在扬州博物馆里，那个霁蓝釉龙纹梅瓶也是典型的元官窑瓷器，只是它上面没有铭文，但它的王者之气不可抵挡。

通过诸多实物证明，元官窑瓷确实存在，它的品种丰富，器形精美，色彩漂亮。它们是一群流浪的"王妃"，七百年前也曾经风华绝代。

中国的元瓷研究是由外国人首开先河的，这种局面是历史造成的。我们中国人要为扭转这个局面而承担起自己的责任。一个有智慧的民族应该是最有创新能力的民族，发现本来就存在但还没有被认识的东西是我们中国文化复兴的一个极为重要的内容。

改革开放以来，各种文物与现代人不期而遇，这是重新发现历史文物的最佳时期。

2007年的一天，友人拿了个底座能转动的白瓷瓶给我看。他说："你看这个瓶，它里面有暗功。"我拿起后迎着光向瓶里一看，白色的瓶壁里现出一条蓝色的龙和一只蓝色的凤凰，还有红色的火焰纹，瓶中有"内府"二字。它的瓶底还有一个凸起的篆体"官"字。我的心中一喜。再看它的瓶型，那转动的底座让我想到了故乡老牧民转动着碗喝奶茶的动作。后来，我又发现了底座可转动的碗和杯，让一个器皿底座能转动起来，一般人很难想到。然而，那是蒙

古人在日常生活中最常见的场景，只有蒙古人才会有这样的灵感。难道它是元代官窑瓷？于是我马上把它收藏下来。之后，我收藏了瓷釉相同、画风相同、制作工艺相同，造型各异的"内府"白瓷，有花瓶、笔洗、斗笠碗、高足杯等。它们有一个共同点，瓶内绘蓝色龙凤纹和"内府"铭文，底部全部都有凸起的篆书款"官"字，但其原持有人却来自全国各地，有内蒙古人、云南人、福建人、河南人、浙江人。从地域上看，这些器物曾分布在全国各个角落。通过分析，我首先否定这些瓷器是假货，造假货的人一般生产范围很小，不可能在全国各地造出统一款式的东西。另外，这样高超的工艺也不是轻易能制造出来的。这种器物能在全国各地出现，只有一种解释：元朝政权被推翻之后，皇宫里的王公贵族四处流散，他们必须要带一些生活用品，这些白瓷就随着主人开始了漂泊。几百年之后的今天，随着全民对元瓷的重视，它们又重见天日。

为了证实我的判断，我拿着这些瓷器到北京找了一个专家鉴定。他只看了一眼，连手都没动，就说了三个字："不可能！"他还告诉我前段时间也有个南方人拿着这样的瓷器来找他鉴定，他认为几百年前不可能有这么先进的工艺。还好，他的第二句话让我了解到一个重要信息，这种瓷在中国南方也出现了，

破译元官窑

这个事实证明我的判断是对的。寸有所长，尺有所短。这个专家可能在某些瓷艺研究方面有高深的见解，但是他对中国白瓷的知识了解并不全面。其实内印饰暗龙纹、暗花卉的白瓷在中国瓷器收藏书中早有专门的介绍。例如在吉林出版集团有限责任公司2007年8月出版的《瓷器·中国艺术品收藏鉴赏全集》一书中，就有一款明永乐白瓷碗，

在鉴赏要点中介绍："此碗内壁印饰龙纹，外壁刻画莲纹，罩以甜白釉，有暗龙飞天，清莲出水的艺术效果。"还有些瓷艺书刊称这类瓷器为影青薄胎暗花杯，认为这种工艺缘于宋代影青。我判断这是很有道理的。因为，科技就是在传承中发展的。

当时我去找专家鉴定，还有另外一个想法：我想把我的发现告诉他，希望和他们共同探索元瓷研究之路。但专家的一句"不可能"令我失望。

站在事业之门，决不能有半点犹豫和彷徨，必须要有勇气和担当精神，否则只能退回原点，半途而废。

人可以做错，但不能错过。做错，我只是承担一点经济损失；但错过，将会是千古遗恨。

我决定继续前行！通过已发现的元白瓷线索去追踪。大家都知道我在寻找带暗功的白瓷，他们也帮我找，一有线索就告诉我。有一个福建朋友收藏白瓷

品种最多，于是我问他有没有带铭文的蓝釉瓷，他说有，后来他带来了蓝釉瓷、红釉瓷、白釉瓷。我一看这些瓷器的器型、釉色、制作工艺都与文物书刊介绍的相同，而且上面都有"内府"、"枢府"铭文。当我翻阅元代历史资料时发现：福建泉州自宋朝以来就是中国海上运输口岸，到了元朝后，由于海上贸易大增，泉州更加繁华，大批景

德镇瓷器自江西出发，顺流而下，从泉州港口运往世界各国，而元朝的官府用瓷也是从泉州口岸走海路运往北京的。了解这些史料后，我马上联想到1988年5月在景德镇发现的那批文宗时期的御府器残片，这些瓷器和景德镇那些元官窑残片有什么内在联系？

古文物在没有被社会认定的时候是没有市场价值的，也是文物最容易流失的时刻。100年前，中国敦煌卷子被意外发现，就是在没有被社会认定的时候被多国文物贩子用驼队盗走了。每当国人提起这件事，心中都非常悲痛。100年后的今天，作为一个有责任感的文化工作者，绝不能让这样的丑行在中国重演。古人云："时也，命也。得时不为，非智也；临时不断，非勇也。"面对中国大量文物外流的现实，我要尽全力抢救这批文物！可是，这些宝贝已流散民间，怎样才能让这批文物失而复得？我思来想去，最现实的办法只有用市场这只看

破译元官窑

不见的手去做，才最有实效。于是，我请福建友人专门为我搜集这类器物。经过了多年的寻寻觅觅，他又找到了一些带铭文的白、黄、绿、紫、黑釉瓷和五彩瓷。尤其是一些刻有鸟篆体唐诗的枢府梅瓶和酒罐，可以证明这些瓷器的身份与众不同。细读这些梅瓶、酒罐上的诗词，全是唐代著名诗人的佳作。其中一部分是反映民风民情的，另一

部分是对社会、人生、历史的洞见与指斥，颇富英豪被抑之气，还具有忧国忧民之心。尤其是鸟篆体书法绝非文化造诣低的人所为。我分析能欣赏和书写这些诗的人都不是平常人，很可能是追随元明宗多年的朝廷重臣。明宗时期，元朝已建国五十多年了，蒙古贵族有一流的学习环境，他们中有很多人是蒙汉兼通的全才。这些诗的出现反映出了他们的思想境界和文化层次。

另外，从时间方面分析：元明宗定于天历年八月十五日在大都召开登基庆典。这批瓷器如果八月初运不到泉州，那么走海路到大都的时间将很难保证。这批瓷器被扣在泉州与这次政变的时间是非常吻合的。所以，我判断这批瓷器极有可能是元天历年政变的遗物。抢救出这批文物，将会填补中国元朝历史的一段空白，以便为日后有关专家学者研究元瓷、元史找到一个突破口。因此，我下决心不惜一切代价把这件事追踪

到底！

第六节
元代景德镇首创的蓝、白、红釉瓷独领风骚

在收集到的这批御府器中，数量最大为蓝釉瓷、红釉瓷和白釉瓷，

这三种瓷是早就被文物专家发现的。叶佩兰先生在《元代瓷器》一书里记载："从传世品看，卵白釉、红釉、蓝釉都称得上是官府制作的瓷器精品。"

这些瓷器胎白釉润、底足工整、精美规范，而且器型硕大，造型奇异。大部分都有"内府"、"枢府"铭文款识。据考证"内府"是指元朝皇宫大内机构。"枢府"是元朝最高军事机构枢密院简称。为这两个机构定烧的专用瓷器都在器身注明款识。但也有一小部分器型、釉色相同的瓷器没有铭文款识，估计这类瓷器是皇室为了方便使用而制作的吧。

在蓝釉瓷中，共收集到20多种器型：梅瓶、玉壶春瓶、象耳盘口瓶、天球瓶、蒜口瓶、五管瓶、四耳扁方瓶、葫芦瓶、八棱梅瓶、鸡头壶、凤首壶、鱼耳尊、将军罐、荷叶罐、棱口大盘等。其中梅瓶的数量、品种最多。它的造型特点为小口、平肩、敛腹。它们之间器型略有差异，似乎早期的梅瓶肩部稍有斜度，

愈后期制作的肩部愈平。通体施蓝釉，其釉色也不尽相同，有深蓝、宝石蓝、霁蓝、灰蓝等。这些梅瓶的图案都是一条白龙。在龙纹绘制方面也有多种手法，有的在坯体上划刻浮雕或堆贴出所画的龙头龙身。早期制作在龙头上用细白线画出眼睛，再用黑点在龙眼睛中间点一个极小的点，在龙身上画上括号形的鳞片，然后敷设透明釉，其余地方

施蓝釉。整个龙身细长，小头细颈，独角或双角。鹰爪、四肢饰火焰状毛发、尖尾。后期制作的器皿上龙纹没有细线勾勒，头若白花，身如飘带。其纹饰风格已从追求形似而变为追求神似，整体效果更为传神。在晶莹透亮的蓝釉背景下，一条白色的蛟龙翻腾飞跃，令人神往。

蓝釉瓷梅瓶有两面开光和三面开光的，图案均为青花龙凤纹和莲池荷花纹，其寓意为龙凤呈祥、和谐美好。

蓝釉瓷还有刻写鸟篆体唐诗的梅瓶和酒罐。另有一个五彩飞凤鸳鸯纹的扁瓶，其绘画之精美，出人意料。更让人意外的是还出现了一个巨大的蓝釉四耳扁瓶。在深蓝色的瓶壁上用黄色和白色绘出两只生动的小鸟，站在绿色的树枝上与旁边红色花果呼应成趣。

蓝釉瓷其他器型多为龙纹，也有凤纹、白鹤纹、焦叶纹等。每件器物都古朴、庄重、精美。几百年的土沁似乎没有减

去它一丝光泽，实在令人叹服元官窑釉料质量太好了。

白釉瓷全部款识为"内府"铭文，是元朝皇宫大内机构专用瓷。白色是蒙古族崇尚的色彩，它的纹饰最为精致。装饰技法运用了模印、刻花等手法，图案基本是龙凤纹和缠枝花纹、八宝纹等。

器型有梅瓶、盘口瓶、蒜口瓶、宽沿瓶、方瓶、三管葫芦瓶、四耳扁

方瓶、玉壶春瓶、执壶、鸡冠壶、凤首壶、荷叶罐、将军罐、大笔筒、龙纹大盘等，做工极为精细。

有一对刻满龙凤纹的梅瓶在其上部和下部用浅红釉写有异形文字，在肩部用蓝釉写有"虎骨胫酒"四个汉字。

还有一对玉壶春瓶，肩部的象耳挂着两个白瓷圆环，造型极其精美，瓶身上、下部也用浅红釉写着异形文字。估计这些器物为元朝皇帝所专用，用异形文字加以明示。

白釉瓷胎土洁白闪青，釉层肥厚。元代人孔齐，在其所著的《静斋至正直记》一书中介绍："饶州御土，其色白如粉垩，每岁差官监造器皿以贡，谓之御土窑，烧罢即封，土不敢私也。"元代官方制品所用的高岭土矿，与民间一般窑场所用的高岭土矿是不同的。凡有官府铭文款的白瓷，其露胎处的色皮都比较浅淡，甚至有些只是微带黄褐色。但外销瓷或是青花器的胎土，则都是橙

红色的，这证明官土中铁含量较少，其质地确实优于民用土。这一特征也为鉴定元官窑器提供了依据。

红釉瓷被文物界公认是元代景德镇窑工的首创。由于铜在高温下易挥发，对窑室烧成气氛非常敏感，烧成技术不易掌握。然而从收集到的红釉元官窑瓷器看，其红色极为纯正、艳丽，釉层莹润透亮，红釉的颜色也不尽

相同，有大红、鲜红、枣红、紫红、宝石红、浅灰红。文物界过去一直认为明永乐、宣德年景德镇御器厂熟练掌握了铜红釉的烧制技术，可以烧出最漂亮的红釉器。其实，元代红釉烧制技术已达到了炉火纯青的地步。只要看看天历年这些红釉器，就真相大白了。

这批红釉瓷器品种非常丰富，器型多达30多种。有玉壶春瓶、象耳盘口瓶、天球瓶、花口瓶、如意耳扁瓶、瓜棱龙耳蒜口瓶、鸡头壶、执壶、凤首壶、背壶、双鱼耳尊、荷叶罐等。其品种数量最多的为盘口象耳瓶。这种瓶两个摆在一起非常像一对双喜字的造型，给人以吉庆祥和之感。

红釉瓷纹饰以龙纹为主，大部分品种为红釉白龙纹，也有双面开光饰青花龙凤纹图案的。最出人意料的是红釉五彩纹饰的器物，其龙凤纹、花鸟纹绘制极为精致。在蓝釉、红釉所绘的白龙纹瓷器上龙纹均无披发，而在五彩瓷中所

绘的龙纹都有长长的披发，和长长的龙脊，绘制时用明艳的色彩加以表现，画面流光溢彩、绚丽多姿。

红釉瓷的造型新颖别致，许多瓷瓶造型独特，其瓶盖多为动物造型，如凤首型、鸡冠型、狮型、猴型等，极富生活情趣，弥足珍贵。

文物界曾一直认为天球瓶创烧于明代，我们却在元官窑红釉瓷、

蓝釉瓷中发现了多个天球瓶。由此，又把天球瓶的创烧年代向前推了一个朝代。

第七节
天历年官窑瓷器色釉和纹饰的创新与发展

在天历年的这批官窑瓷器中，最令人惊喜的是它的多姿多彩。过去，研究元代瓷器的专家发现了元官窑器有蓝釉、红釉、白釉，没有见到黄釉瓷器，所以很多人认为黄釉创烧于明代。明代弘治年间的鸡油黄被历代藏家视为黄釉之最。但事实证明，元天历年创烧的黄釉瓷已经非常精美了。目前已发现有五个品种黄釉瓷器：黄釉开光内府五彩莲池鸳鸯纹六棱玉壶春瓶、黄釉开光枢府斗彩人物纹盘口瓶、黄釉开光枢府鸟篆体刻唐诗梅瓶、酒罐，黄釉枢府海水龙纹梅瓶。

这些黄釉瓷色彩纯正，釉面黄润晶莹。它一出世就成为皇家专用色，以后历朝历代皆把施黄釉的瓷器尊称为"黄器"，又称为"殿器"，是彩釉中最名贵的一种瓷器。它的生产始终受到严格的控制，在宫廷内只有皇帝、皇后、皇太后、皇太子可以使用。

天历二年，浮梁瓷局在制瓷工艺上有了很多创新。当黄釉瓷创烧

成功后，工匠们对使用三元色釉和白色釉的技能已经炉火纯青了。随着工匠们对色彩的不断探索和实践，景德镇的制瓷业突然出现了一个五彩缤纷的世界。从色彩学原理来讲，在红、黄、蓝三种颜色中，它们任何两种相调就会出现间色：橙、绿、紫。把红、黄、蓝三种颜色调在一起便成了黑色，各种色彩与白色相调就会提高色彩的明度，使色彩呈现出浅、淡、娇、嫩的感觉。

元代黄釉瓷创烧成功后，窑工完全掌握了烧制三原色瓷釉的技法，为以后研发创烧间色釉创造了条件。绿釉、紫釉、湖蓝釉、黑釉瓷的出现是必然的。在天历年这批官窑瓷器中，除了有蓝、白、红、黄釉瓷外，还有莹润漂亮的绿釉、紫釉、湖蓝釉、黑釉瓷。这些彩釉瓷在中国历史文物记载中从未出现。由此证明，它们是元代绝无仅有的彩色瓷器，其中的间色瓷很有可能是元天历年首创，它们出窑后还未曾在皇宫亮相就

惨遭厄运，被深埋于泥土之中。那些窑工用智慧和心血创造的艺术精品似乎永远无人知晓了。然而，这些宝贝历经近七百年的沉寂，又在华夏盛世之年光彩依旧地返回人间，令世人惊艳。

我们在天历年那些五彩瓷的纹饰中发现工匠们已调出了十多种颜色：红色的有深红、粉红、大红、枣红、紫红，黄色有中黄、土黄，绿色有黑绿、

孔雀绿、粉绿、浅绿，紫色有深紫、浅紫，蓝色有黑蓝、雾蓝、宝石蓝、灰蓝、湖蓝，除此之外，还有高雅、庄重的黑色釉。这些色彩绚丽的五彩瓷器，宣告了景德镇制瓷业自元代就已从单色瓷成功地跃入了彩瓷的世界，开创了中国制瓷业彩瓷烧制之先河。

天历年官窑器在纹饰上也有很多创新，尤其是对龙纹的绘制令人耳目一新。中国自唐朝开始，龙纹与皇权有着密切的联系，龙纹成为皇权的象征。宋朝以前，龙纹尚无规范，多作兽状，躯体精壮，兽形腿，三趾鹰爪，龙首有角无须。元朝对龙纹的烧作、使用都有了严格的规定。《元史·舆服志》规定："双角五爪龙纹臣庶不得使用。"景德镇工匠对龙纹绘制一改宋以前的粗笨体态，强化龙在天上无所束缚的神韵，所以元朝的龙小头细颈，龙身细长，独角或双角，鹰爪，四肢饰火焰状毛发，弧形鳞片，尖尾，动感十足，呈疾驰状，更显出龙

的超凡脱俗。

凤是中国远古民族图腾的一种标志，是远古传说中"出于东方君子之国"的神鸟。因此，凤成为和平吉祥的象征，也是王道仁政的象征。元瓷中的凤纹全都是展翅飞翔状，并有火焰状纹饰在尾部呼应，也有穿行在花与叶中的凤凰。它们一般为独立画面，与另一个画面的龙纹相呼应。元代创造的龙凤纹

饰，对明清影响极大。元、明、清三代的龙纹均为蛇形，身至尾渐细，四肢有羽毛，趾有三、四、五不等。龙首有角、发、须。宋、元时以三趾、四趾龙纹居多，明清时皇室瓷器上所饰皆五趾龙纹。元代龙纹多为云龙纹、海水龙纹。明清时期除了继承元的云龙纹、海水纹外，又出现行龙、立龙、正面龙、侧面龙、披发龙、穿花龙、戏珠龙等等形神各异的龙纹，将龙纹运用到了极致。

天历年官窑器上除了龙凤纹外，还有狮纹、飞鹤纹、莲池鸳鸯纹、麒麟纹、蕉叶纹等，这些都是中国传统的祥瑞之物，象征爱情、长寿、官运亨通、飞黄腾达。

流行于明清瓷器上的刀马人纹饰，也是从元代开始的。在天历年官窑器中，就有几个五彩刀马人纹饰在彩色瓷瓶上，这可能是最早期的刀马人纹饰，这些刀马人多是中国古典戏曲故事里的人物，深受民间喜爱，绘在瓷器上以弘扬儒家的忠、孝、节、义。

天历年官窑器上宗教纹饰大量出现，其中八宝纹是元朝首创，由于藏传佛教的兴起，佛教法物：法轮、法螺、宝伞、白盖、莲花、宝瓶、金鱼、盘长结出现在瓷器上，得名八吉祥。这种纹饰在明清两代更受推崇，成为宗教纹饰的主要表现手法之一。

以上大量事实证明，元代在文化艺术方面非常开放，儒、释、道文化并存发展，儒家的伦理文化、道家的

"天人一体"，佛家的"万有皆空、心即是佛"的理念在元瓷纹饰中都有充分的体现。元代在制瓷方面的釉彩创新和纹饰创新，为明清两代制瓷业的大繁荣打下了坚实的基础，培养了一批人才。但是，由于元代官营手工业发达，而且其产品数量很少，只供宫廷使用，所以它创新的先进技术对当时社会没有产生影响，甚至在中国收藏界也无人知晓。以至于后人把很多制瓷技艺的发明都归功于明代。天历年官窑器的现身，为几百年来在瓷艺界争论不休的议题找到了确切的答案，让我们还原了历史的真相，这是多么令人欣慰的事啊。

第八节
五彩瓷创烧始于元代
终有实物为证

在中国的古陶瓷中，有一种色彩艳丽主要由红、黄、绿、褐、紫等釉上彩

和釉下青花相结合的工艺制成的瓷器被称五彩瓷器，深受人们喜爱。但是，它是由哪个朝代创烧的，一直存在争议。有人说是元代创烧的，史籍有记载，但是找不到实物证明，所以很多学者认为史籍记载有误。

二十世纪八十年代初，有学者在西藏萨迦寺发现了两个青花五彩碗，碗口沿边书写了一圈藏文，外边上

部绘青花云龙纹，腹部绘莲池鸳鸯纹，两只鸳鸯前后追逐，红莲盛开，鲜绿的荷叶托在莲花下面，水草摇曳，妙趣横生，整个画面色彩艳丽，达到了很高的艺术水平，说明景德镇的五彩瓷器在宣德时期已很成熟。这是全世界范围内第一次发现宣德五彩，当时这个发现轰动了世界。这一发现把青花五彩瓷器的出现由过去的"成化说"提前到了宣德时期。景德镇在二十世纪八十年代又连续出土了很多残片，可以和宣德五彩相互印证。于是，五彩瓷是明代宣德年创烧的结论似乎被社会公认了。然而，天历年的这批"御府器"以大量的实物推翻了五彩创烧于明宣德年的结论。在一个有枢府铭文的深红色的象鼻瓶的腹部，两面开光绘有莲池鸳鸯纹的图案，和宣德五彩碗画法相同。画面稍有差别的是水草用土黄色画，莲花画得很小，可能画工考虑到此瓶为红色的缘故。而荷叶水草的画法是直接平涂的，这是后

人区别五彩与斗彩的最大不同之处。

这些官窑瓷器除了绘莲池鸳鸯纹之外，还有两面开光人物故事纹图案，其笔法造型与青花瓷"萧何月下追韩信"基本相同，只是头饰有所不同。而画法与花卉也有所不同，它是先把人物用线条勾勒出来后，再把不同的色彩轻轻填在上衣、腰带、袍子上去。这种画法被后人称为"斗彩"。由此看来，

元代最初绘制彩色画面时，没有太多的束缚，一切创作以效果为目的。画工感觉怎样画更好就怎样画。五彩、斗彩都是同一个时期出现的。

除了开光类的画面外，还有另一类型：在黑釉、红釉瓷器上直接绘画出龙凤纹、飞鹤纹、鸳鸯莲花纹等，其绘制技法完全属于"斗彩"。画面线条勾勒极其精细，色彩填充非常饱满，整体造型严谨，意境却很飘逸。整个"御府器"呈现出高贵的皇家气派。真是出人意料，元代创烧的"五彩"、"斗彩"竟是如此精美！

第九节
天历年"枢府"酒具上的鸟篆体唐诗与元朝酒文化之考证

在天历年制作的元官窑瓷器中，出现了很多创新品种。除了五彩、斗彩瓷器之外，还有一批瓷器两面开光、在开

光处刻写鸟篆体唐诗的酒具。这些酒具肩颈处书写的全都是"枢府"铭文，选用的唐诗有李白、王维、孟郊、陈子昂的传世名篇。这些瓷器的器型有梅瓶、双耳扁瓶，还有一种从未面世的精致酒罐。它的口很小，上面有小巧的瓷盖，在口外沿用手指粗的瓷条做了一圈花瓣把手。这批酒罐釉色也有所创新，除了蓝釉、红釉外，还出现了黄釉、

绿釉、湖蓝釉、浅紫釉。

这些酒具为何刻有唐诗？它们做何用途？当我深入地了解元朝酒文化之后，才清楚它们的价值。

元朝开国皇帝忽必烈具有很强的学习精神，他为了开创大元帝国，潜心学习唐、宋治国理政的成功做法，并加以实践。

开经筵就是从宋朝学来的。忽必烈经常从各地请来名僧大儒为他和子侄近臣传授经世治国之道。讲课的地点不是在会议室，而是在酒席宴会上，所以称之为经筵。被请来的这些高人一边饮酒、一边引经据典，点评历朝历代成败兴替的根由，总结他们经世治乱的得失。在这些大儒们口若悬河、妙趣横生的演讲中，忽必烈和他的大臣们对汉文化心领神会，让他们真正理解了"马上可以得天下，但不能马上治之"的道理，从而提升了他们治国理政的能力。"开经筵以正人心"，这是元代儒臣姚枢对忽必

烈开经筵这一作法给予的充分肯定和总结。元朝建国后，忽必烈一直坚持开经筵，并在经筵上安排精通蒙汉语的大臣随时翻译，以便于蒙古大臣的学习和理解。忽必烈此举对于大臣们统一思想、吸收汉文化、制定元朝各项大政方针起到了非常重要的作用。这种经筵一直为元后世皇帝所效仿。

第十节
元官窑影青薄胎"内府"暗花"官"字款白瓷

蒙古人崇尚白色，这可能缘于他们古老的游牧生活。白色的羊群、白色的云彩、白色的乳汁、白色的奶酪……这一切都会让人感觉圣洁吉祥。

在为元朝内府宫殿选择日用瓷器时，他们依然选择了自己的最爱——白瓷。

天历年这批瓷器中，所有白色瓷器全部都有"内府"铭文。它们素肌玉骨、光洁莹润。所用的材料蕴含着独特的艺术魅力，让使用者在欣赏每一件瓷器时都能体察其材质与艺术文化所包含的生活意趣。

"内府"瓷分为两大类。一类为大型饮食器：这些瓷器表面大都有凸起的龙凤纹、花鸟纹、八宝纹、蕉叶纹等图案，而且器型硕大、规整，做工精良，

胎白釉净。另一类为精巧透明的日用白瓷：盘、碗、杯、碟、壶、洗、花瓶等。其中一部分碗和花瓶还自带一个可以转动的白瓷底座，它们表面洁白，或有凸起的龙纹、花鸟纹图案，内壁有暗花"内府"铭文，底部全部凸起一个篆体"官"字。当人们把瓷器拿起迎光向里看，龙飞凤舞就在眼前，亭台山水近在咫尺，人物栩栩如生。有准备沐浴的裸

体少女，有下身裹着长纱的美女，还有坐在浴盆里的女人和沐浴后手握湿发的女人。另一些是男女性生活的画面。

从瓷器的感官分析，这种瓷具备宋代景德镇影青瓷的特点：温、润、薄、透。胎体迎着光看，捏拿器物的手指投影明晰可见。这是宋代景德镇最具地方特色的制瓷工艺。当年元代的御窑厂就设在景德镇，元传承宋影青制作工艺，既有技术设备优势，又有人才优势。他们把这一工艺继承和发展是理所当然的事，只是元代工匠对影青的透光性更感兴趣。他们把传统的瓶外釉下刻花变为瓶内壁釉下印花，以追求更美妙的艺术效果。

从瓷瓶内的画面分析，画家创作的源泉是基于对宫廷生活的欣赏和世俗生活的真实描绘，画面人物背景陈设豪华，有粗大的廊柱和精美的地毯，绝不同于社会流传的那种低俗的篦底画。在中国

古代，以男女性生活为主题的绘画称春宫图，又名秘戏图。主要作为性教育的媒介，具有欣赏价值。

中国古代春宫画多以工笔、彩绘为主，还有的画在瓷器上或以浮雕的形式塑在青瓷上。为了便于把玩，这些画多以画卷、册页形式出现。

元代的白瓷瓶内的绘画出自何人之手，我分析有两种可能：一是

中国宫廷画家，二是西域工匠。

从史料中分析，元代画家赵子昂是有条件进入元朝内府写生作画的。

赵子昂，名赵孟頫，是宋太祖赵匡胤十一世孙，元代著名画家、文学家，还是很受元朝皇帝忽必烈器重的一个大臣，至元时官至集贤直学士。延祐时，官至翰林院学士承旨，他所画的山水、木石、花竹、人马十分精致，在中国美术史上占有一席之地，而且史料明确记载他曾绘过十二幅春宫图。如果元瓷上这些画出自他的手，也是中国美术界的一件幸事。

另一种可能是来自西域的工匠所绘。元朝景德镇御窑厂有很多工匠来自西域。他们的绘画注重写实性，继承了欧洲古典艺术传统，为世人所称赞。

公元前六世纪以后，陶瓷制作遍及希腊各地，希腊人在陶器上进行了绘画创造。他们选取希腊神话故事或生活故事为题材进行描绘，并逐渐形成了两种

主要瓶画样式——黑绘与红绘。所谓黑绘，即用黑色釉料填绘形象，背景留出陶地，再用刀子刻画出釉绘形象的轮廓和形体结构。《阿喀琉斯和埃阿斯掷骰子》①就是绘制在一件双陶耳瓶上的。其画面人物造型精美，动势生动传神，绘画线条流畅，是一件极珍贵的陶艺精品。尽管古希腊绘画真品已经散轶难寻，但我们可以从古代存世的这

破译元官窑

件瓶绘艺术中领略其艺术风貌。

元白瓷内壁人物画和古希腊瓶绘画风相近，都是用极简的线条就把人物的神态动势生动地勾勒出来，景德镇西域工匠在小小的元瓷花瓶里找到了展示他们画技的舞台，这也是合理的推断。

人体绘画在中国古代似乎难以登上大雅之堂，中国人几千年对于性文化一直不予正视。而西方文化则认为人体与性是人类生活最美好的一部分，是值得艺术作品去创作表现的。因此，东西方文化在这一点上存在着巨大的差异。

当一个王朝足够强大自信时，它一定是开放的。它乐于与世界各国进行经济文化交流，大胆地吸收其文化精华为我所用。中国的唐朝就是一个先例。强盛的唐帝国曾是全世界经济、文化的中心，我们从遗存在北京故宫博物院的青瓷凤头龙柄壶就可以领略到大唐王朝曾经的兴盛繁荣。在这样一件瓷器上，融合了东西方文化精华，其头部的凤首与

一侧的龙柄绝对是中国的特征，而壶的造型与壶身凸起的裸体人物装饰则是西域文化艺术特征。中国的元朝疆域比唐朝更大，而文化、经济交流比唐朝更开放。这种背景，使景德镇的瓷艺发生飞跃式的发展是必然的。

元朝这些精美的影青薄胎生活用瓷，为后人全面了解元代宫廷生活提供了宝贵的依据。从这一点看，

破译元官窑

这些小花瓶的艺术价值不亚于唐朝的凤首龙柄壶。

第十一节
元天历年官窑器现身将否定国际公认的"至正型"命名

当存世近百年的庞大元帝国在中国的历史上消失之后，元朝所烧制的瓷器也被后人遗忘了。几百年的时光过去了，岁月的风沙似乎把它掩埋得无影无踪，元瓷慢慢地淡出了人们的视线。然而，漂泊到英国的一对元青花龙纹象耳盘口瓶被一个叫霍布逊的古陶瓷学者发现了，他通过瓷器颈部的60个汉字铭文弄清了它的身世，也明确了它的年代——至正十一年。同年，霍布逊发表

① 《世界传世名画》（海燕出版社2002年7月出版）第一卷第17页。

了《明以前的青花瓷》，他兴奋地向全世界介绍了他的重大发现。霍布逊这一研究成果得到了全世界同行的关注。

1952年深秋，又一位古陶瓷学者——美国的约翰·波普博士在土耳其托布卡比宫又发现了一批中国元青花瓷器，他以英国人霍布逊发现的那对元青花瓶的纪年为依据，将他新发现的元瓷命名为中国"至正型"青花瓷，

并写了两本著作，系统地研究了元青花的特征与价值。从此，"至正型"元青花逐渐成为研究元瓷的依据。

至正十一年为1351年，已属于元朝末期。那时所烧的瓷器，器型都是当时社会流行的成熟器型。而天历年这批官窑瓷器中出现了多个大小不同的"至正型"瓷器，它们有蓝釉、红釉白龙纹象耳盘口瓶，还有黑釉、红釉五彩龙纹象耳盘口瓶。它们似乎是这一批瓷器中档次最高的。它们器型大、绘画精，龙纹彩绘气韵神采兼具。由此推断，"至正型"龙纹象耳盘口瓶是元瓷中最被推崇的器型。它造型对称规整，古朴端庄，是元朝最具代表性的官府用瓷。如果天历年这些元官窑瓷器用"至正型"来称谓，显然不合适。因为天历元年为1328年，它比至正十一年要早23年，所以，当天历年的官窑瓷器出现后，"至正型"已完成了它的历史使命，它将会推翻半个多世纪国际公认的"至正型"元瓷的

命名。"道可道，非常道，名可名，非常名"，这是老子为我们后人留下的至理名言。无数历史事实证明，可以言说的"道"，不是恒常之道，可以命名的"名"，也不是恒常之名。从元瓷"至正型"被"天历型"所取代，让我们更加理解了中国传统文化的大智慧。只要人类探索的脚步不停，总会有新的发现在等待着我们。

元瓷从诞生到被历史遗忘，再到重新被人们发现，历时七百多年。在这段历史的沧桑巨变中，元瓷还是那个元瓷，但世界已不是当年的世界了。不变的是人类对真、善、美的共同的追求。唯有这种追求才是人类社会走向文明的希望。

【图说元瓷】

蓝釉白龙纹梅瓶

元天历无款

高 43 厘米

蓝釉白龙纹梅瓶

元天历无款

高 43 厘米

蓝釉白龙纹扁方葫芦瓶

元天历无款

高 52 厘米

蓝釉白龙纹扁方葫芦瓶

元天历无款

高 52 厘米

蓝釉白龙纹八棱葫芦瓶

元天历无款

高 55.8 厘米

元瓷品鉴

蓝釉白龙纹八棱葫芦瓶

元天历无款

高 55.8 厘米

蓝釉白龙纹象耳盘口瓶

元天历无款

高 60 厘米

蓝釉白龙纹象耳盘口瓶

元天历无款

高 60 厘米

蓝釉白龙纹大罐

元天历无款

高 31.7 厘米

蓝釉白龙纹大罐

元天历无款

高 31.7 厘米

蓝釉白龙纹玉壶春瓶

元天历无款

高 32 厘米

蓝釉白龙纹玉壶春瓶

元天历无款

高 32 厘米

蓝釉白龙纹梅瓶

元天历无款

高 43 厘米

蓝釉白龙纹梅瓶

元天历无款

高 43 厘米

蓝釉白龙纹梅瓶

元天历无款

高 47 厘米

蓝釉白龙纹梅瓶

元天历无款

高 47 厘米

蓝釉白龙纹蝠耳盘口瓶

元天历内府铭文款

高 35.6 厘米

蓝釉白龙纹蝠耳盘口瓶

元天历内府铭文款

高 35.6 厘米

蓝釉白龙纹龙耳花口瓶

元天历枢府铭文款

高 37.5 厘米

蓝釉白龙纹龙耳花口瓶

元天历枢府铭文款

高 37.5 厘米

蓝釉白龙纹螭耳方口尊

元天历枢府铭文款

高 36 厘米

蓝釉白龙纹螭耳方口尊

元天历枢府铭文款

高 36 厘米

蓝釉白龙纹双耳瓶
元天历枢府铭文款
高 38 厘米

蓝釉白龙纹双耳瓶

元天历枢府铭文款

高 38 厘米

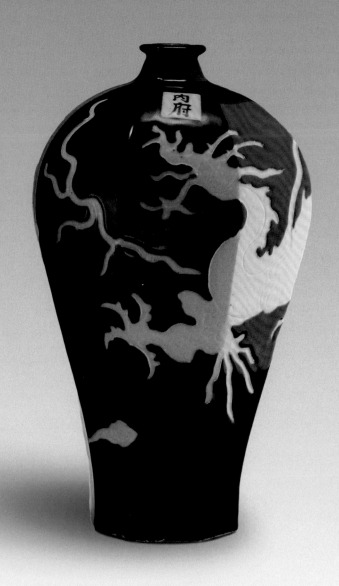

蓝釉白龙纹八棱梅瓶

元天历内府铭文款

高 35 厘米

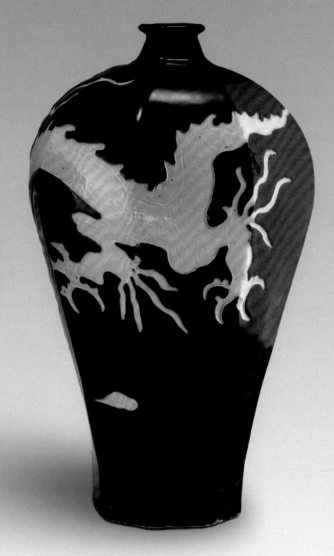

蓝釉白龙纹八棱梅瓶

元天历内府铭文款

高 35 厘米

蓝釉飞鹤白龙纹葫芦瓶

元天历枢府铭文款

高 55 厘米

蓝釉飞鹤白龙纹葫芦瓶

元天历枢府铭文款

高 55 厘米

内府

蓝釉白龙纹龙耳大罐
元天历内府铭文款
高 42 厘米

蓝釉白龙纹龙耳大罐
元天历内府铭文款
高 42 厘米

蓝釉白龙纹六棱象耳盘口瓶
元天历内府铭文款
高 44.5 厘米

蓝釉白龙纹六棱象耳盘口瓶

元天历内府铭文款

高 44.5 厘米

蓝釉龙纹象耳盘口瓶

元天历枢府铭文款

高 66 厘米

蓝釉龙纹象耳盘口瓶

元天历枢府铭文款

高 66 厘米

蓝釉白龙纹荷叶盖罐

元天历内府铭文款

高 36.5 厘米

蓝釉白龙纹荷叶盖罐

元天历内府铭文款

高 36.5 厘米

蓝釉白龙纹梅瓶

元天历枢府铭文款

高 24 厘米

蓝釉白龙纹梅瓶

元天历枢府铭文款

高 24 厘米

蓝釉白龙纹五管瓶

元天历内府铭文款

高 28 厘米

蓝釉白龙纹五管瓶
元天历内府铭文款
高 28 厘米

蓝釉白龙纹葫芦瓶
元天历枢府铭文款
高 37 厘米

蓝釉白龙纹葫芦瓶
元天历枢府铭文款
高 37 厘米

蓝釉白龙纹盘口瓶
元天历枢府铭文款
高 30 厘米

蓝釉白龙纹盘口瓶

元天历枢府铭文款

高 30 厘米

蓝釉白龙纹凤首壶
元天历内府铭文款
高 46 厘米

蓝釉白龙纹凤首壶

元天历内府铭文款

高 46 厘米

蓝釉白龙纹双龙耳盘口瓶
元天历内府铭文款
高 34 厘米

蓝釉白龙纹双龙耳盘口瓶

元天历内府铭文款

高 34 厘米

内府

蓝釉白龙纹双鱼耳尊
元天历内府铭文款
高 47 厘米

蓝釉白龙纹双鱼耳尊

元天历内府铭文款

高 47 厘米

内府

蓝釉虎头铺首白龙纹大罐

元天历内府铭文款

高 39.5 厘米

蓝釉虎头铺首白龙纹大罐
元天历内府铭文款
高 39.5 厘米

霁蓝釉白龙纹象耳盘口瓶

元天历枢府铭文款

高 65.6 厘米

霁蓝釉白龙纹象耳盘口瓶

元天历枢府铭文款

高 65.6 厘米

蓝釉八棱三面开光白龙纹梅瓶

元天历内府铭文款

高 60.5 厘米

蓝釉八棱三面开光白龙纹梅瓶

元天历内府铭文款

高 60.5 厘米

蓝釉八棱三面开光白龙纹梅瓶

元天历枢府铭文款

高 60.5 厘米

蓝釉八棱三面开光白龙纹梅瓶

元天历枢府铭文款

高 60.5 厘米

霁蓝釉双面开光青花龙凤纹玉壶春蒜头瓶

元天历内府铭文款

高 62 厘米

霁蓝釉双面开光青花龙凤纹玉壶春蒜头瓶

元天历内府铭文款

高 62 厘米

霁蓝釉三面开光龙凤莲池鸳鸯纹三管葫芦瓶

元天历枢府铭文款

高 60 厘米

霁蓝釉三面开光龙凤莲池鸳鸯纹三管葫芦瓶

元天历枢府铭文款

高 60 厘米

霁蓝釉三面开光龙凤莲池鸳鸯纹三管葫芦瓶

元天历内府铭文款

高 60 厘米

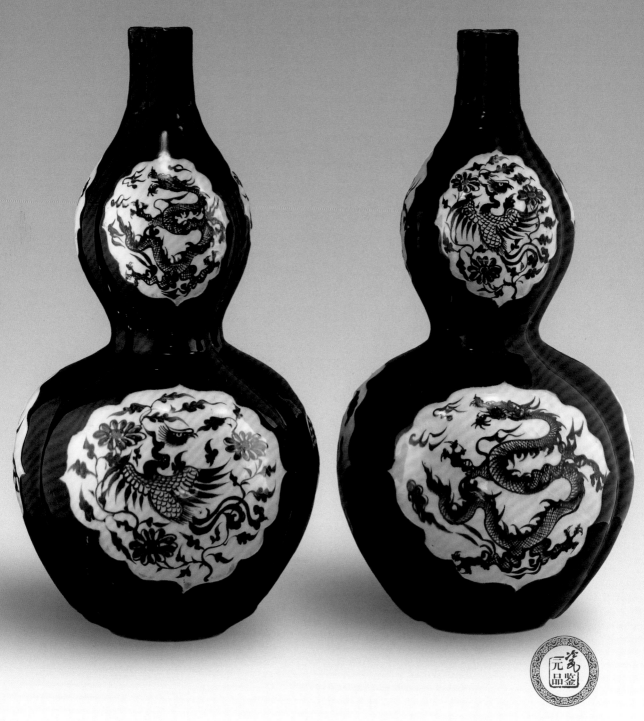

霁蓝釉三面开光龙凤莲池鸳鸯纹三管葫芦瓶

元天历内府铭文款

高 60 厘米

霁蓝釉双面开光青花龙纹玉壶春瓶

元天历内府铭文款

高 61 厘米

霁蓝釉双面开光青花龙纹玉壶春瓶

元天历内府铭文款

高 61 厘米

蓝釉白龙纹梅瓶
元天历内府铭文款
高 60.5 厘米

蓝釉白龙纹梅瓶

元天历内府铭文款

高 60.5 厘米

霁蓝釉六棱麒麟飞鹤纹葫芦瓶

元天历内府铭文款

高 55 厘米

霁蓝釉六棱麒麟飞鹤纹葫芦瓶

元天历内府铭文款

高 55 厘米

蓝釉白龙纹玉壶春瓶

元天历内府铭文款

高 56 厘米

蓝釉白龙纹玉壶春瓶

元天历内府铭文款

高 56 厘米

蓝釉白龙纹梅瓶

元天历内府铭文款

高 48 厘米

元瓷品鉴

蓝釉白龙纹梅瓶

元天历内府铭文款

高 48 厘米

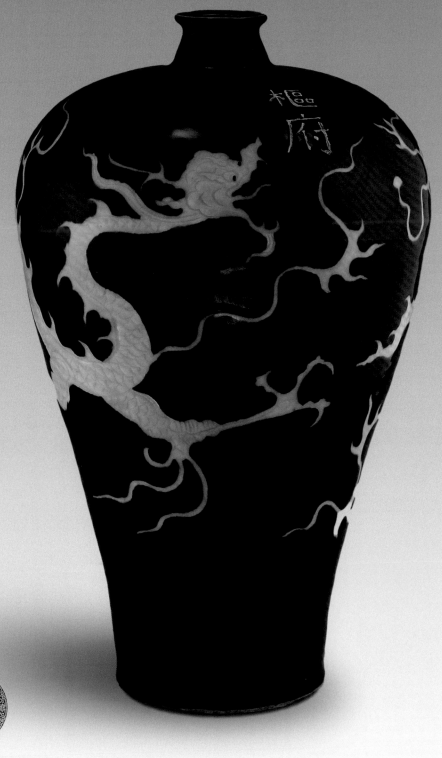

蓝釉白龙纹梅瓶
元天历枢府铭文款
高 44 厘米

蓝釉白龙纹梅瓶

元天历枢府铭文款

高 44 厘米

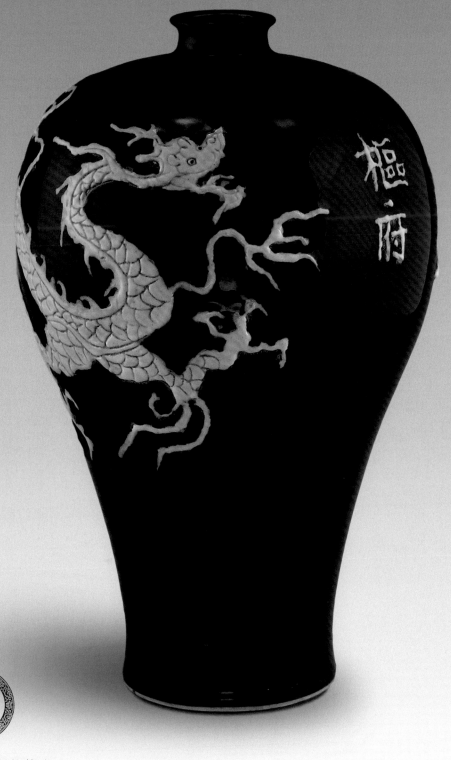

蓝釉白龙纹梅瓶

元天历枢府铭文款

高 32 厘米

蓝釉白龙纹梅瓶

元天历枢府铭文款

高 32 厘米

蓝釉白龙纹盘口瓶
元天历枢府铭文款
高 34 厘米

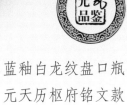

蓝釉白龙纹盘口瓶

元天历枢府铭文款

高 34 厘米

宝石蓝釉白龙纹蒜口瓶

元天历枢府铭文款

高 37 厘米

宝石蓝釉白龙纹蒜口瓶

元天历枢府铭文款

高 37 厘米

宝石蓝釉白龙纹小罐

元天历枢府铭文款

高 28 厘米

宝石蓝釉白龙纹小罐

元天历枢府铭文款

高 28 厘米

宝石蓝釉白龙纹小罐

元天历枢府铭文款

高 28 厘米

宝石蓝釉白龙纹小罐

元天历枢府铭文款

高 28 厘米

宝石蓝釉白龙纹罐

元天历枢府铭文款

高 22 厘米

宝石蓝釉白龙纹罐
元天历枢府铭文款
高 22 厘米

宝石蓝釉白龙纹大口尊

元天历枢府铭文款

高 29 厘米

宝石蓝釉白龙纹大口尊

元天历枢府铭文款

高 29 厘米

宝石蓝釉白龙纹葫芦瓶

元天历枢府铭文款

高 38 厘米

宝石蓝釉白龙纹葫芦瓶
元天历枢府铭文款
高 38 厘米

蓝釉白龙纹天球瓶

元天历内府铭文款

高 46.5 厘米

蓝釉白龙纹天球瓶

元天历内府铭文款

高 46.5 厘米

蓝釉白龙纹大罐

元天历内府铭文款

高 44.5 厘米

蓝釉白龙纹大罐

元天历内府铭文款

高 44.5 厘米

内府

蓝釉白龙纹玉壶春瓶

元天历内府铭文款

高 38 厘米

蓝釉白龙纹玉壶春瓶

元天历内府铭文款

高 38 厘米

蓝釉蕉叶麒麟纹梅瓶

元天历内府铭文款

高 38 厘米

蓝釉蕉叶麒麟纹梅瓶
元天历内府铭文款
高 38 厘米

宝石蓝釉白凤麒麟纹凤首壶

元天历内府铭文款

高 31 厘米

宝石蓝釉白凤麒麟纹凤首壶

元天历内府铭文款

高 31 厘米

蓝釉龙纹鸡头壶

元天历内府铭文款

高 39.5 厘米

蓝釉龙纹鸡头壶
元天历内府铭文款
高 39.5 厘米

蓝釉白龙纹双龙耳铺首玉壶春瓶

元天历内府铭文款

高 53.5 厘米

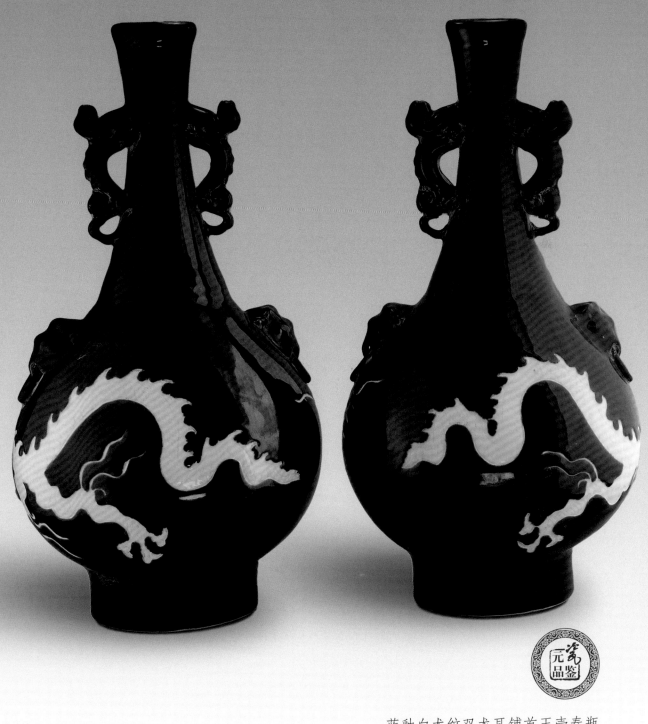

蓝釉白龙纹双龙耳铺首玉壶春瓶

元天历内府铭文款

高 53.5 厘米

蓝釉龙纹双耳尊

元天历枢府铭文款

高 37 厘米

元
瓷
品鉴

蓝釉龙纹双耳尊
元天历枢府铭文款
高 37 厘米

宝石蓝釉白龙纹四耳扁方壶

元天历枢府铭文款

高 30 厘米

宝石蓝釉白龙纹四耳扁方壶
元天历枢府铭文款
高 30 厘米

蓝釉白龙纹凤首壶
元天历枢府铭文款
高 49 厘米

蓝釉六棱双面开光龙凤纹猴耳将军罐

元天历枢府铭文款

高 59 厘米

蓝釉六棱双面开光龙凤纹猴耳将军罐
元天历枢府铭文款
高 59 厘米

蓝釉白龙纹荷叶盖罐
元天历枢府铭文款
高 37 厘米

蓝釉白龙纹四耳扁方壶
元天历内府铭文款
高 47 厘米

蓝釉白龙纹四耳扁方壶
元天历内府铭文款
高 47 厘米

蓝釉鱼耳青花飞鹤牡丹纹大罐

元天历枢府铭文款

高 42 厘米

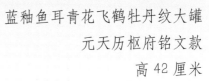

蓝釉鱼耳青花飞鹤牡丹纹大罐

元天历枢府铭文款

高 42 厘米

蓝釉云耳衔环玉壶春瓶

元天历枢府铭文款

高 57 厘米

蓝釉云耳衔环玉壶春瓶

元天历枢府铭文款

高 57 厘米

蓝釉双面开光青花龙凤纹葫芦瓶

元天历内府铭文款

高 57 厘米

蓝釉双面开光青花龙凤纹葫芦瓶

元天历内府铭文款

高 57 厘米

蓝釉无釉龙纹梅瓶
元天历枢府铭文款
高 43.2 厘米

蓝釉无釉龙纹梅瓶

元天历枢府铭文款

高 43.2 厘米

蓝釉双面开光鸟篆体唐诗花形把手酒罐

元天历枢府铭文款

高 42 厘米

轩辕台

北登蓟丘望，求古轩辕台。

应龙已不见，牧马空黄埃。

尚想广成子，遗迹白云隈。

陈子昂

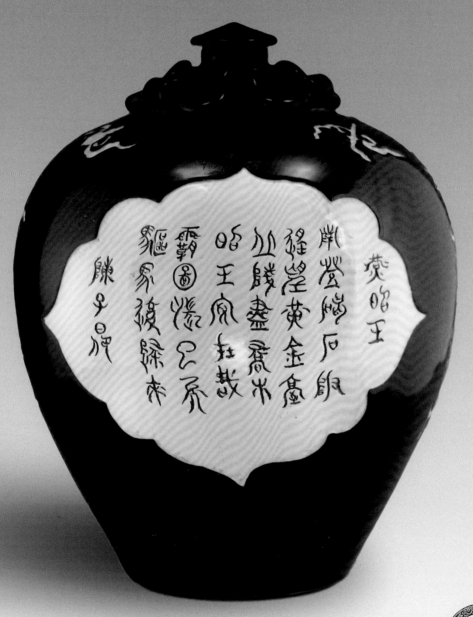

燕昭王

南登碣石馆，遥望黄金台。

丘陵尽乔木，昭王安在哉？

霸图怅已矣，驱马复归来。

陈子昂

蓝釉双面开光鸟篆体唐诗花形把手酒罐

元天历枢府铭文款

高 42 厘米

蓝釉双面开光鸟篆体唐诗花形把手酒罐

元天历枢府铭文款

高 42 厘米

乐　生

王道已沦昧，战国竞贪兵。

乐生何感激，仗义下齐城。

雄图竟中夭，遗叹寄阿衡。

陈子昂

田光先生

自古皆有死，徇义良独稀。

奈何燕太子，尚使田生疑。

伏剑诚已矣，感我涕沾衣。

　　　　　　陈子昂

蓝釉双面开光鸟篆体唐诗花形把手酒罐

元天历枢府铭文款

高 42 厘米

蓝釉双面开光鸟篆体唐诗花形把手酒罐
元天历枢府铭文款
高 42 厘米

春 歌
秦地罗敷女，采桑绿水边。
素手青条上，红妆白日鲜。
蚕饥妾欲去，五马莫留连。

李白

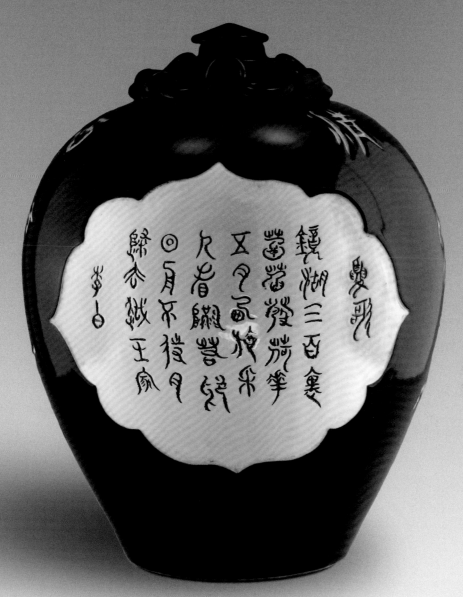

夏 歌

镜湖三百里，菡萏发荷花。

五月西施采，人看隘若耶。

回舟不待月，归去越王家。

李白

蓝釉双面开光鸟篆体唐诗花形把手酒罐

元天历枢府铭文款

高 42 厘米

蓝釉双面开光鸟篆体唐诗花形把手酒罐
元天历枢府铭文款
高 42 厘米

秋　歌
长安一片月，万户捣衣声。
秋风吹不尽，总是玉关情。
何日平胡虏，良人罢远征？

李白

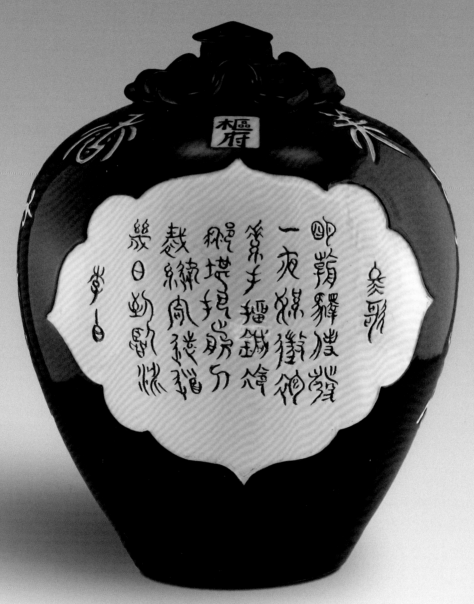

冬　歌

明朝驿使发，一夜絮征袍。

素手抽针冷，那堪把剪刀。

裁缝寄远道，几日到临洮？

李白

蓝釉双面开光鸟篆体唐诗花形把手酒罐

元天历枢府铭文款

高 42 厘米

蓝釉双面开光鸟篆体唐诗花形把手酒罐

元天历枢府铭文款

高 42 厘米

送　别

下马饮君酒，问君何所之。

君言不得意，归卧南山陲。

但去莫复问，白云无尽时。

王维

春　思

燕草如碧丝，秦桑低绿枝。

当君怀归日，是妾断肠时。

春风不相识，何事入罗帏？

　　　　　　　李白

蓝釉双面开光鸟篆体唐诗花形把手酒罐

元天历枢府铭文款

高 42 厘米

蓝釉双面开光鸟篆体唐诗梅瓶

元天历枢府铭文款

高 52 厘米

春 歌

秦地罗敷女，采桑绿水边。

素手青条上，红妆白日鲜。

蚕饥妾欲去，五马莫留连。

李白

夏 歌
镜湖三百里，菡萏发荷花。
五月西施采，人看隘若耶。
回舟不待月，归去越王家。
李白

蓝釉双面开光鸟篆体唐诗梅瓶
元天历枢府铭文款
高 52 厘米

蓝釉双面开光鸟篆体唐诗梅瓶
元天历枢府铭文款
高 52 厘米

秋　歌
长安一片月，万户捣衣声。
秋风吹不尽，总是玉关情。
何日平胡虏，良人罢远征？

李白

冬　歌
明朝驿使发，一夜絮征袍。
素手抽针冷，那堪把剪刀。
裁缝寄远道，几日到临洮？
　　　　　　　　李白

蓝釉双面开光鸟篆体唐诗梅瓶
元天历枢府铭文款
高 52 厘米

蓝釉双面开光鸟篆体唐诗梅瓶
元天历枢府铭文款
高 52 厘米

燕太子

秦王日无道，太子怨亦深。
一闻田光义，匕首赠千金。
其事虽不立，千载为伤心。

陈子昂

送　别

下马饮君酒，问君何所之。

君言不得意，归卧南山陲。

但去莫复问，白云无尽时。

王维

蓝釉双面开光鸟篆体唐诗梅瓶

元天历枢府铭文款

高 52 厘米

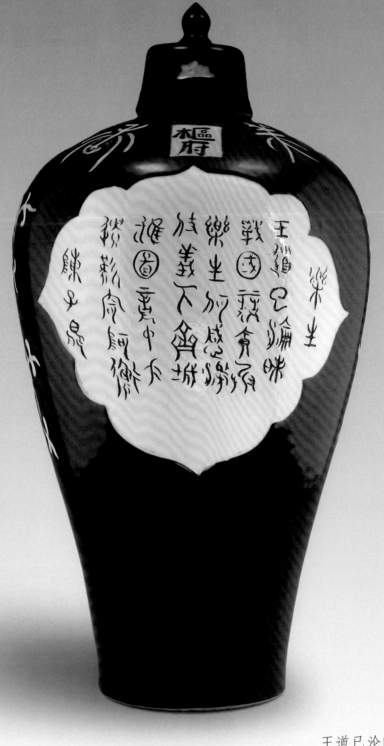

蓝釉双面开光鸟篆体唐诗梅瓶
元天历枢府铭文款
高 52 厘米

乐　生

王道已沦昧，战国竞贪兵。

乐生何感激，仗义下齐城。

雄图竟中夭，遗叹寄阿衡。

陈子昂

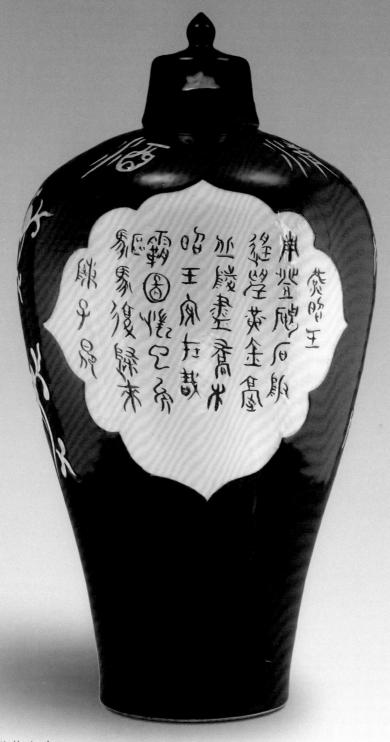

燕昭王

南登碣石馆，遥望黄金台。

丘陵尽乔木，昭王安在哉？

霸图怅已矣，驱马复归来。

陈子昂

蓝釉双面开光鸟篆体唐诗梅瓶

元天历枢府铭文款

高52厘米

蓝釉海水龙纹梅瓶
元天历枢府铭文款
高 51 厘米

蓝釉海水龙纹梅瓶
元天历枢府铭文款
高 51 厘米

蓝釉五彩飞凤鸳鸯纹如意耳扁瓶
元天历内府铭文款
高 35 厘米

蓝釉五彩飞凤鸳鸯纹如意耳扁瓶

元天历内府铭文款

高 35 厘米

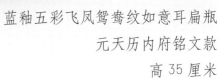

蓝釉五彩花鸟纹四耳扁方瓶

元天历内府铭文款

高 46 厘米

蓝釉五彩花鸟纹四耳扁方瓶

元天历内府铭文款

高 46 厘米

蓝釉白龙纹大盘

元天历内府铭文款

直径 40 厘米

蓝釉白龙纹大盘

元天历内府铭文款

直径 40 厘米

蓝釉白龙纹棱口大盘
元天历枢府铭文款
直径 44 厘米

蓝釉白龙纹棱口大盘
元天历枢府铭文款
直径 44 厘米

蓝釉五彩人物纹兽耳铺首盘口瓶

元天历内府铭文款

高 32.2 厘米

蓝釉五彩人物纹兽耳铺首盘口瓶

元天历内府铭文款

高 32.2 厘米

蓝釉五彩人物纹梅瓶

元天历内府铭文款

高 34.5 厘米

蓝釉五彩人物纹梅瓶

元天历内府铭文款

高 34.5 厘米

蓝釉五彩龙凤纹八棱葫芦瓶

元天历内府铭文款

高 34.5 厘米

蓝釉五彩龙凤纹八棱葫芦瓶

元天历内府铭文款

高 34.5 厘米

蓝釉五彩人物纹兽耳铺首罐

元天历内府铭文款

高 26 厘米

蓝釉五彩人物纹兽耳铺首罐

元天历内府铭文款

高 26 厘米

蓝釉五彩人物纹铺首盘口尊

元天历内府铭文款

高 28 厘米

蓝釉五彩人物纹铺首盘口尊

元天历内府铭文款

高 28 厘米

蓝釉五彩人物纹八棱葫芦瓶

元天历内府铭文款

高 36 厘米

蓝釉五彩人物纹八棱葫芦瓶

元天历内府铭文款

高 36 厘米

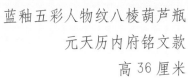

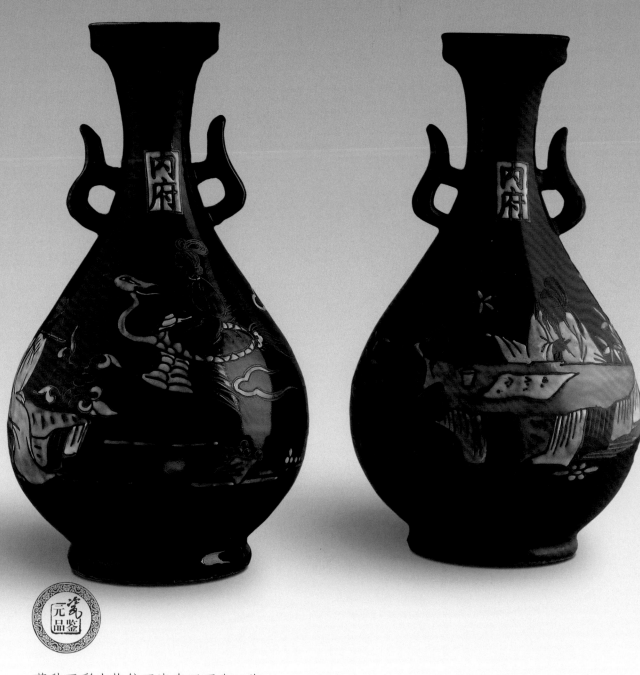

蓝釉五彩人物纹玉壶春双耳盘口瓶

元天历内府铭文款

高 35.4 厘米

蓝釉五彩人物纹玉壶春双耳盘口瓶

元天历内府铭文款

高 35.4 厘米

蓝釉五彩人物纹八棱梅瓶
元天历内府铭文款
高 34.3 厘米

蓝釉五彩人物纹八棱梅瓶

元天历内府铭文款

高 34.3 厘米

白釉龙凤纹梅瓶

元天历内府铭文款

高 41 厘米

白釉龙凤纹梅瓶

元天历内府铭文款

高 41 厘米

白釉弦纹鸡冠壶
元天历内府铭文款
高 40 厘米

白釉弦纹鸡冠壶
元天历内府铭文款
高 40 厘米

白釉龙凤纹如意耳扁瓶

元天历内府铭文款

高 36 厘米

白釉龙凤纹如意耳扁瓶

元天历内府铭文款

高 36 厘米

白釉龙凤纹梅瓶

元天历内府铭文款

高 41 厘米

白釉龙凤纹梅瓶
元天历内府铭文款
高 41 厘米

白釉龙纹六棱兽耳瓶

元天历内府铭文款

高 42.5 厘米

白釉龙纹六棱兽耳瓶

元天历内府铭文款

高 42.5 厘米

白釉龙纹双耳酒罐
元天历内府铭文款
高 38 厘米

白釉龙纹双耳酒罐
元天历内府铭文款
高 38 厘米

白釉龙纹兽头衔环宽沿瓶

元天历内府铭文款

高 32 厘米

白釉龙纹兽头衔环宽沿瓶

元天历内府铭文款

高 32 厘米

白釉八宝龙纹梅瓶

元天历内府铭文款

高 41 厘米

白釉八宝龙纹梅瓶
元天历内府铭文款
高 41 厘米

白釉龙纹双耳蒜口扁瓶

元天历内府铭文款

高 47 厘米

白釉龙纹双耳蒜口扁瓶

元天历内府铭文款

高 47 厘米

白釉龙纹八棱玉壶春瓶

元天历内府铭文款

高 40 厘米

白釉龙纹八棱玉壶春瓶
元天历内府铭文款
高 40 厘米

白釉龙纹执壶

元天历内府铭文款

高 41 厘米

白釉龙纹执壶

元天历内府铭文款

高 41 厘米

白釉龙纹大笔筒

元天历内府铭文款

高 38 厘米

白釉龙纹大笔筒
元天历内府铭文款
高 38 厘米

白釉龙凤纹方瓶

元天历内府铭文款

高 50.5 厘米

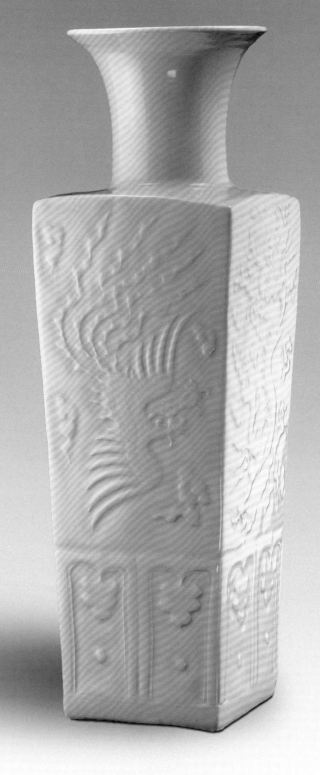

元 瓷
晶 鉴

白釉龙凤纹方瓶
元天历内府铭文款
高 50.5 厘米

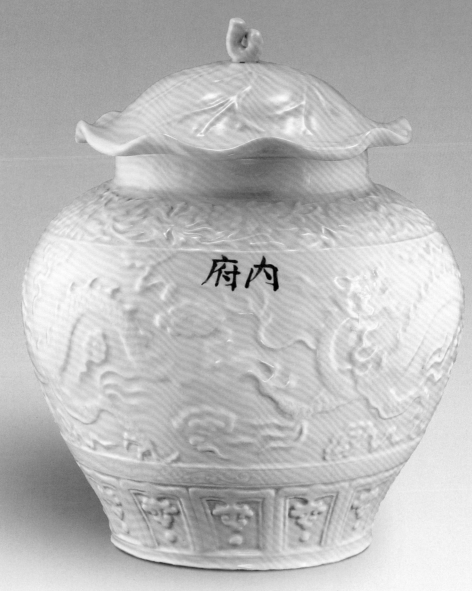

白釉龙纹荷叶盖酒罐

元天历内府铭文款

高 37.5 厘米

白釉龙纹荷叶盖酒罐

元天历内府铭文款

高 37.5 厘米

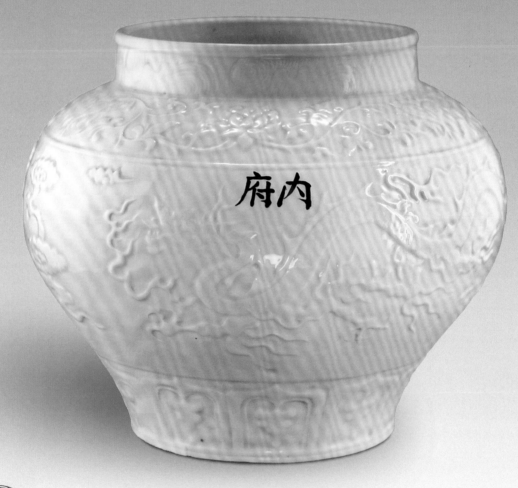

白釉龙纹大罐

元天历内府铭文款

高 28.5 厘米

白釉龙纹大罐

元天历内府铭文款

高 28.5 厘米

白釉龙凤纹狮形纽盖大罐

元天历内府铭文款

高 42 厘米

白釉龙凤纹狮形纽盖大罐

元天历内府铭文款

高 42 厘米

内府

白釉兽头铺首衔环弦纹凤首瓶

元天历内府铭文款

高 38 厘米

白釉兽头铺首衔环弦纹凤首瓶

元天历内府铭文款

高 38 厘米

白釉龙纹将军罐

元天历内府铭文款

高 58 厘米

白釉龙纹将军罐
元天历内府铭文款
高 58 厘米

白釉龙纹将军罐
元天历内府铭文款
高 58 厘米

白釉龙凤纹虎骨胫酒梅瓶
元天历异形铭文款
高 40 厘米

白釉龙凤纹虎骨胫酒梅瓶
元天历异形铭文款
高 40 厘米

白釉龙凤纹象耳衔环玉壶春盘口瓶

元天历异形铭文款

高 47 厘米

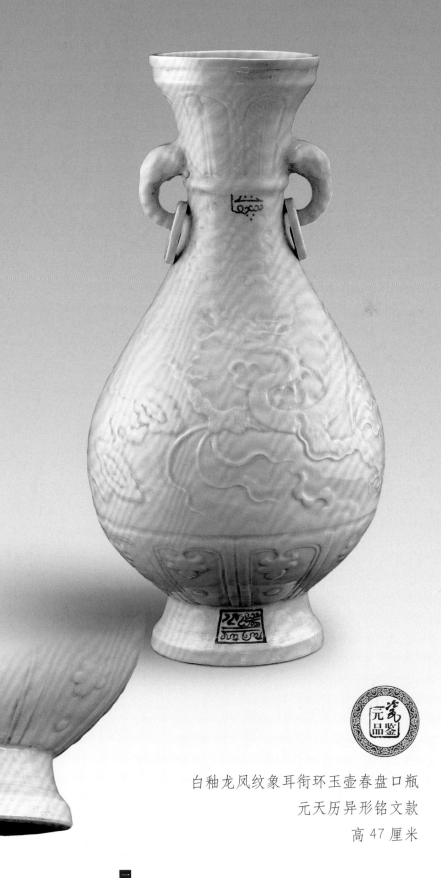

白釉龙凤纹象耳衔环玉壶春盘口瓶

元天历异形铭文款

高 47 厘米

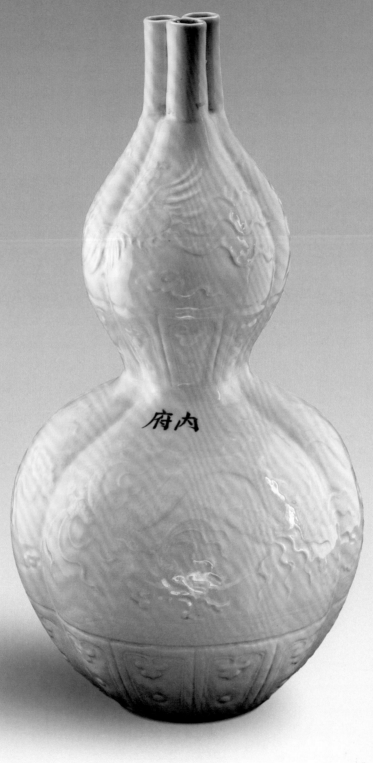

白釉龙凤纹三管葫芦瓶

元天历内府铭文款

高 59 厘米

白釉龙凤纹三管葫芦瓶

元天历内府铭文款

高 59 厘米

内府

白釉龙凤纹葫芦瓶
元天历内府铭文款
高 56 厘米

白釉龙凤纹葫芦瓶
元天历内府铭文款
高 56 厘米

白釉龙纹玉壶春瓶

元天历枢府铭文款

高 59 厘米

白釉龙纹玉壶春瓶

元天历枢府铭文款

高 59 厘米

白釉龙纹大盘
元天历内府铭文款
直径 38 厘米

白釉龙纹大盘

元天历内府铭文款

直径 38 厘米

白釉龙纹四耳扁方瓶

元天历内府铭文款

高 38.5 厘米

白釉龙纹四耳扁方瓶

元天历内府铭文款

高 38.5 厘米

白釉龙凤纹如意耳扁瓶

元天历内府铭文款

高 50 厘米

白釉龙凤纹如意耳扁瓶

元天历内府铭文款

高 50 厘米

红釉白龙纹玉壶春瓶

元天历内府铭文款

高 38 厘米

元
瓷
品
鉴

红釉白龙纹玉壶春瓶

元天历内府铭文款

高 38 厘米

内府

红釉白龙纹双鱼耳盘口罐

元天历内府铭文款

高 44 厘米

红釉白龙纹双鱼耳盘口罐

元天历内府铭文款

高 44 厘米

红釉白龙纹四系鸡头壶
元天历枢府铭文款
高 41 厘米

红釉白龙纹四系鸡头壶
元天历枢府铭文款
高 41 厘米

内府

红釉白龙纹双鱼耳尊

元天历内府铭文款

高 37.5 厘米

红釉白龙纹双鱼耳尊
元天历内府铭文款
高 37.5 厘米

红釉白龙纹四耳扁方壶

元天历内府铭文款

高 48 厘米

红釉白龙纹四耳扁方壶
元天历内府铭文款
高 48 厘米

红釉白龙纹鸡头壶
元天历内府铭文款
高 40 厘米

红釉白龙纹鸡头壶
元天历内府铭文款
高 40 厘米

红釉白龙纹象耳玉壶春盘口瓶

元天历枢府铭文款

高 40 厘米

红釉白龙纹象耳玉壶春盘口瓶
元天历枢府铭文款
高 40 厘米

红釉白龙纹天球瓶

元天历内府铭文款

高 49 厘米

红釉白龙纹天球瓶
元天历内府铭文款
高 49 厘米

内府

红釉白龙纹龙耳盘口瓶

元天历内府铭文款

高 58 厘米

红釉白龙纹龙耳盘口瓶

元天历内府铭文款

高 58 厘米

内府

深红釉白龙纹云耳花口瓶

元天历内府铭文款

高 62 厘米

内府

红釉白龙纹象耳盘口瓶

元天历内府铭文款

高 66 厘米

红釉白龙纹象耳盘口瓶

元天历内府铭文款

高 66 厘米

红釉白龙纹凤首壶
元天历内府铭文款
高 50 厘米

红釉白龙纹玉壶春瓶

元天历内府铭文款

高 55 厘米

红釉白龙纹玉壶春瓶
元天历内府铭文款
高 55 厘米

红釉白龙纹荷叶盖罐

元天历枢府铭文款

高 37 厘米

红釉白龙纹荷叶盖罐
元天历枢府铭文款
高 37 厘米

红釉白龙纹象耳盘口瓶

元天历内府铭文款

高 44.5 厘米

红釉白龙纹象耳盘口瓶

元天历内府铭文款

高 44.5 厘米

红釉白龙纹龙耳八棱花口玉壶春瓶

元天历枢府铭文款

高 56 厘米

红釉白龙纹龙耳八棱花口玉壶春瓶

元天历枢府铭文款

高 56 厘米

红釉白龙纹六棱象耳盘口瓶

元天历枢府铭文款

高 35.6 厘米

红釉白龙纹六棱象耳盘口瓶

元天历枢府铭文款

高 35.6 厘米

红釉双面开光青花龙凤纹龙耳花口瓶

元天历枢府铭文款

高 60 厘米

红釉双面开光青花龙凤纹龙耳花口瓶

元天历枢府铭文款

高 60 厘米

红釉双面开光青花龙凤纹象耳衔环盘口瓶

元天历枢府铭文款

高 60 厘米

红釉双面开光青花龙凤纹象耳衔环盘口瓶

元天历枢府铭文款

高 60 厘米

红釉双面开光青花龙凤纹天球瓶

元天历枢府铭文款

高 46 厘米

红釉双面开光青花龙凤纹天球瓶
元天历枢府铭文款
高 46 厘米

红釉双面开光青花龙凤纹天球瓶

元天历枢府铭文款

高 46 厘米

红釉双面开光青花龙凤纹天球瓶

元天历枢府铭文款

高 46 厘米

红釉双面开光青花龙凤纹兽耳盘口罐

元天历内府铭文款

高 44 厘米

红釉双面开光青花龙凤纹兽耳盘口罐

元天历内府铭文款

高 44 厘米

红釉双面开光青花龙凤纹荷叶盖罐

元天历内府铭文款

高 36 厘米

红釉双面开光青花龙凤纹荷叶盖罐

元天历内府铭文款

高 36 厘米

红釉双面开光鸟篆体唐诗梅瓶

元天历枢府铭文款

高 52 厘米

春 歌

秦地罗敷女，采桑绿水边。

素手青条上，红妆白日鲜。

蚕饥妾欲去，五马莫留连。

李白

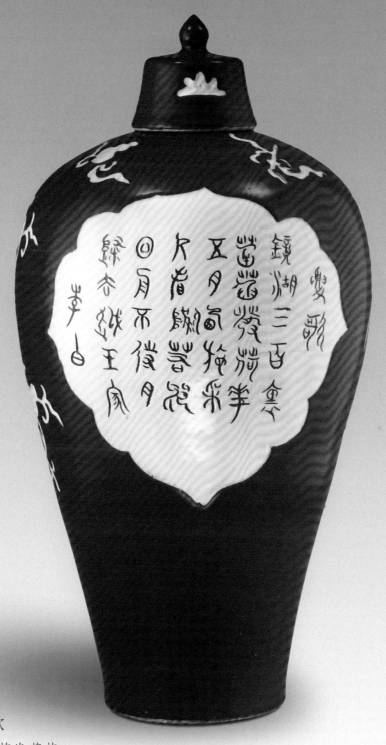

夏 歌

镜湖三百里，菡萏发荷花。

五月西施采，人看隘若耶。

回舟不待月，归去越王家。

李白

红釉双面开光鸟篆体唐诗梅瓶

元天历枢府铭文款

高 52 厘米

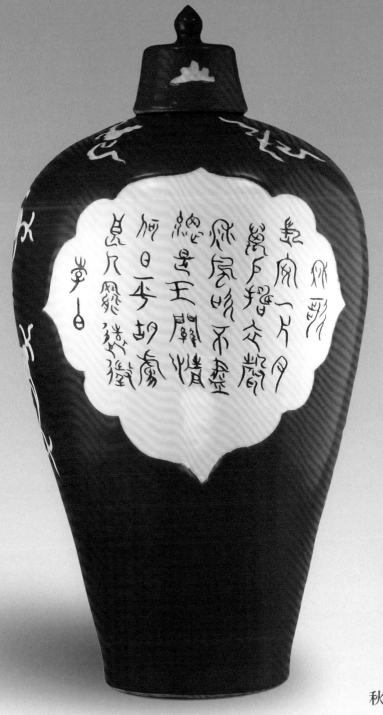

红釉双面开光鸟篆体唐诗梅瓶
元天历枢府铭文款
高 52 厘米

秋　歌

长安一片月，万户捣衣声。
秋风吹不尽，总是玉关情。
何日平胡虏，良人罢远征？

李白

冬　歌

明朝驿使发，一夜絮征袍。

素手抽针冷，那堪把剪刀。

裁缝寄远道，几日到临洮？

李白

红釉双面开光鸟篆体唐诗梅瓶

元天历枢府铭文款

高52厘米

南登碣石馆，遥望黄金台。

红釉双面开光鸟篆体唐诗梅瓶

元天历枢府铭文款

高 52 厘米

燕昭王

南登碣石馆，遥望黄金台。

丘陵尽乔木，昭王安在哉？

霸图怅已矣，驱马复归来。

陈子昂

燕太子

秦王日无道，太子怨亦深。

一闻田光义，匕首赠千金。

其事虽不立，千载为伤心。

　　　　　陈子昂

红釉双面开光鸟篆体唐诗梅瓶

元天历枢府铭文款

高52厘米

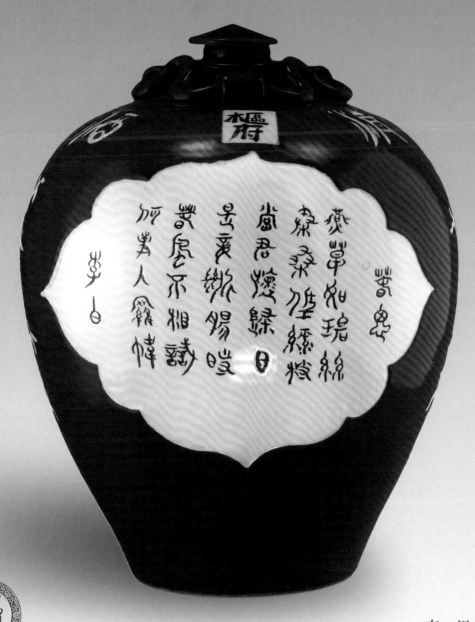

红釉双面开光鸟篆体唐诗花形把手酒罐
元天历枢府铭文款
高 40 厘米

春 思

燕草如碧丝，秦桑低绿枝。
当君怀归日，是妾断肠时。
春风不相识，何事入罗帏？

李白

送 别

下马饮君酒，问君何所之。

君言不得意，归卧南山陲。

但去莫复问，白云无尽时。

王维

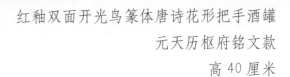

红釉双面开光鸟篆体唐诗花形把手酒罐

元天历枢府铭文款

高 40 厘米

红釉双面开光鸟篆体唐诗花形把手酒罐

元天历枢府铭文款

高 43 厘米

游子吟

慈母手中线，游子身上衣。

临行密密缝，意恐迟迟归。

谁言寸草心，报得三春晖。

孟郊

烈女操

梧桐相待老，鸳鸯会双死。

贞妇贵殉夫，舍生亦如此。

波澜誓不起，妾心井中水。

孟郊

红釉双面开光鸟篆体唐诗花形把手酒罐

元天历枢府铭文款

高 43 厘米

红釉双面开光鸟篆体唐诗花形把手酒罐

元天历枢府铭文款

高 43 厘米

春　思

燕草如碧丝，秦桑低绿枝。

当君怀归日，是妾断肠时。

春风不相识，何事入罗帏？

李白

送　别

下马饮君酒，问君何所之。

君言不得意，归卧南山陲。

但去莫复问，白云无尽时。

王维

红釉双面开光鸟篆体唐诗花形把手酒罐

元天历枢府铭文款

高 43 厘米

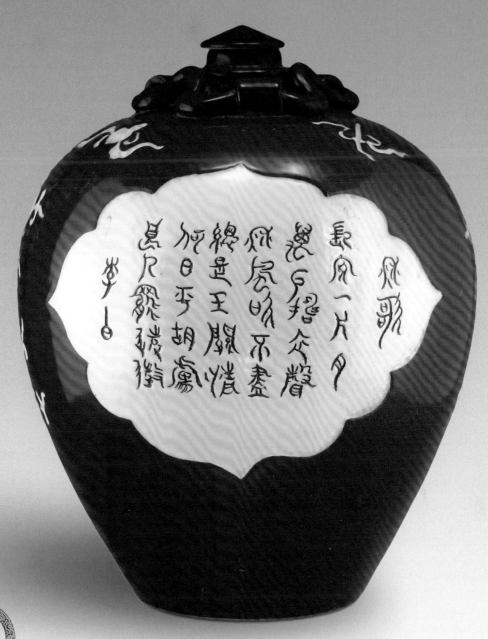

红釉双面开光鸟篆体唐诗花形把手酒罐
元天历枢府铭文款
高 42 厘米

秋　歌
长安一片月，万户捣衣声。
秋风吹不尽，总是玉关情。
何日平胡虏，良人罢远征？
李白

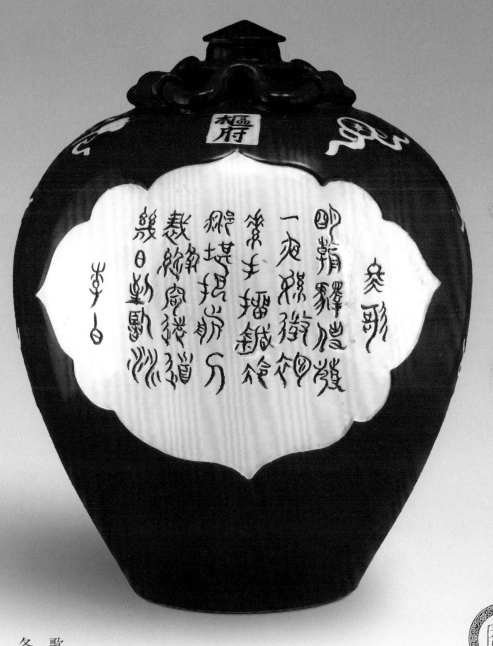

冬　歌

明朝驿使发，一夜絮征袍。

素手抽针冷，那堪把剪刀。

裁缝寄远道，几日到临洮？

李白

红釉双面开光鸟篆体唐诗花形把手酒罐

元天历枢府铭文款

高 42 厘米

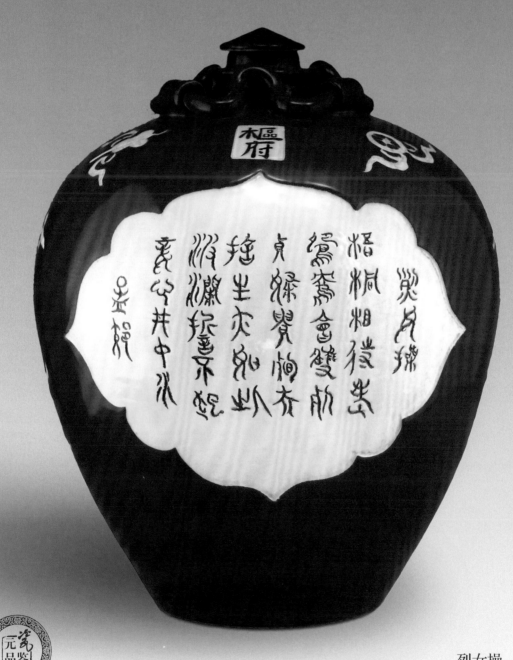

红釉双面开光鸟篆体唐诗花形把手酒罐

元天历枢府铭文款

高 42 厘米

烈女操

梧桐相待老，鸳鸯会双死。

贞妇贵殉夫，舍生亦如此。

波澜誓不起，妾心井中水。

孟郊

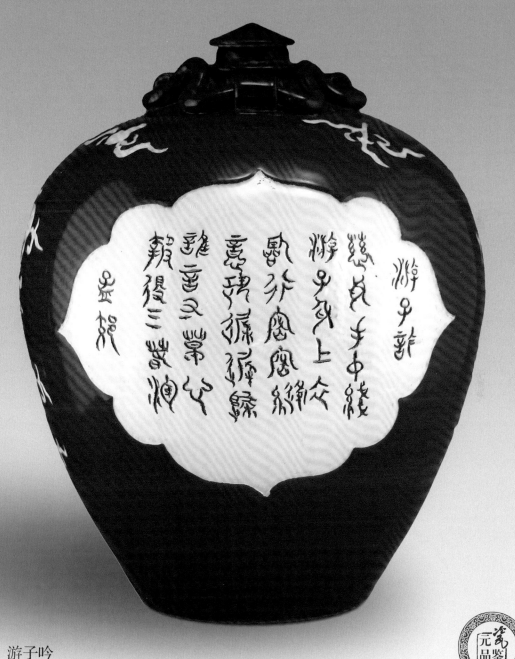

游子吟

慈母手中线，游子身上衣。

临行密密缝，意恐迟迟归。

谁言寸草心，报得三春晖。

孟郊

红釉双面开光鸟篆体唐诗花形把手酒罐

元天历枢府铭文款

高 42 厘米

红釉海水龙纹梅瓶
元天历枢府铭文款
高 51 厘米

红釉海水龙纹梅瓶
元天历枢府铭文款
高 51 厘米

红釉五彩龙纹象耳盘口瓶

元天历内府铭文款

高 66 厘米

红釉五彩龙纹象耳盘口瓶

元天历内府铭文款

高 66 厘米

深红釉五彩飞凤白鹤纹双鱼耳方口尊

元天历内府铭文款

高 36 厘米

深红釉五彩飞凤白鹤纹双鱼耳方口尊

元天历内府铭文款

高 36 厘米

红釉五彩龙纹凤首盖梅瓶

元天历内府铭文款

高 45 厘米

红釉五彩龙纹凤首盖梅瓶

元天历内府铭文款

高 45 厘米

深红釉五彩飞凤纹如意耳葫芦瓶

元天历内府铭文款

高 38.5 厘米

深红釉五彩飞凤纹如意耳葫芦瓶

元天历内府铭文款

高 38.5 厘米

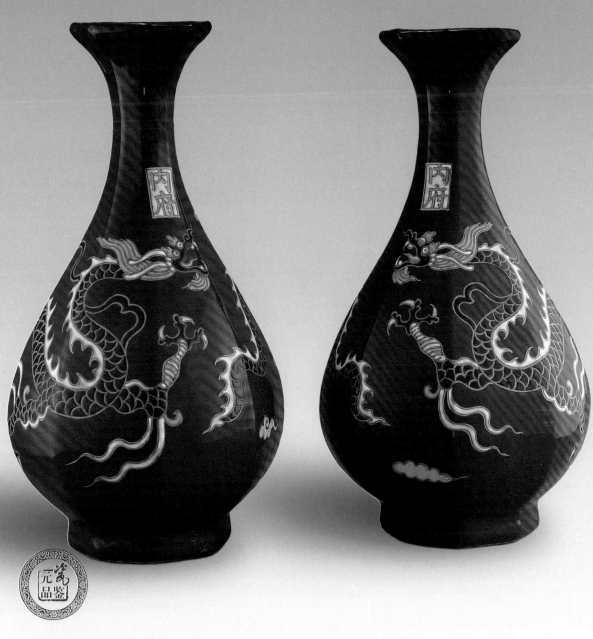

红釉八棱五彩龙纹玉壶春瓶

元天历内府铭文款

高 39 厘米

红釉八棱五彩龙纹玉壶春瓶
元天历内府铭文款
高 39 厘米

红釉六棱五彩飞凤牡丹纹葫芦瓶

元天历内府铭文款

高 38.5 厘米

红釉六棱五彩飞凤牡丹纹葫芦瓶

元天历内府铭文款

高 38.5 厘米

红釉五彩飞凤纹如意耳扁壶

元天历内府铭文款

高 33 厘米

红釉五彩飞凤纹如意耳扁壶

元天历内府铭文款

高 33 厘米

红釉五彩飞凤纹执壶

元天历内府铭文款

高 40 厘米

红釉五彩飞凤纹执壶

元天历内府铭文款

高 40 厘米

浅红釉五彩莲池鸳鸯纹瓜棱龙耳蒜头瓶

元天历内府铭文款

高 53 厘米

浅红釉五彩莲池鸳鸯纹瓜棱龙耳蒜头瓶

元天历内府铭文款

高 53 厘米

红釉五彩龙纹双龙耳尊

元天历内府铭文款

高 44 厘米

红釉五彩龙纹双龙耳尊

元天历内府铭文款

高 44 厘米

红釉五彩龙纹双龙耳尊

元天历内府铭文款

高44厘米

红釉五彩龙纹双龙耳尊

元天历内府铭文款

高 44 厘米

红釉五彩飞凤瑞鹤纹葫芦瓶
元天历内府铭文款
高 41 厘米

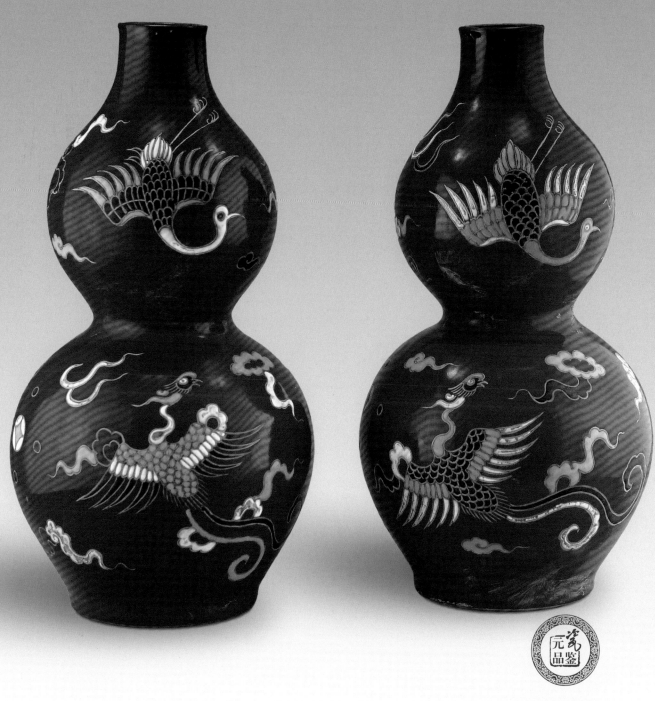

红釉五彩飞凤瑞鹤纹葫芦瓶

元天历内府铭文款

高 41 厘米

红釉五彩麒麟飞凤八棱葫芦瓶

元天历内府铭文款

高 37 厘米

红釉五彩麒麟飞凤八棱葫芦瓶

红釉五彩麒麟飞凤八棱葫芦瓶

元天历内府铭文款

高 37 厘米

红釉五彩龙纹铺首盘口瓶

元天历内府铭文款

高 38.5 厘米

红釉五彩龙纹铺首盘口瓶

元天历内府铭文款

高 38.5 厘米

红釉五彩龙纹双龙耳花口瓶
元天历内府铭文款
高 43.5 厘米

红釉五彩龙纹双龙耳花口瓶

元天历内府铭文款

高 43.5 厘米

红釉五彩飞凤纹螭耳扁腹宝月瓶

元天历内府铭文款

高 38 厘米

红釉五彩飞凤纹螭耳扁腹宝月瓶

元天历内府铭文款

高 38 厘米

红釉五彩麒麟飞凤纹凤首壶

元天历内府铭文款

高 38.5 厘米

红釉五彩麒麟飞凤纹凤首壶

元天历内府铭文款

高 38.5 厘米

红釉五彩麒麟飞凤纹四耳扁方壶

元天历内府铭文款

高 31 厘米

红釉五彩麒麟飞凤纹四耳扁方壶

元天历内府铭文款

高 31 厘米

红釉五彩飞凤纹狮形纽盖葫芦瓶

元天历内府铭文款

高 49 厘米

红釉五彩飞凤纹狮形纽盖葫芦瓶

元天历内府铭文款

高 49 厘米

红釉六棱五彩龙纹宝塔盖玉壶春瓶

元天历内府铭文款

高 54 厘米

红釉六棱五彩龙纹宝塔盖玉壶春瓶

元天历内府铭文款

高 54 厘米

深红釉双面开光五彩人物故事纹象耳盘口瓶

元天历枢府铭文款

高 61.5 厘米

深红釉双面开光五彩人物故事纹象耳盘口瓶

元天历枢府铭文款

高 61.5 厘米

深红釉双面开光五彩莲池鸳鸯纹象耳盘口瓶

元天历枢府铭文款

高 38 厘米

深红釉双面开光五彩莲池鸳鸯纹象耳盘口瓶

元天历枢府铭文款

高 38 厘米

紫红釉兽头铺首白龙纹六棱盘口瓶

元天历无款

高 44 厘米

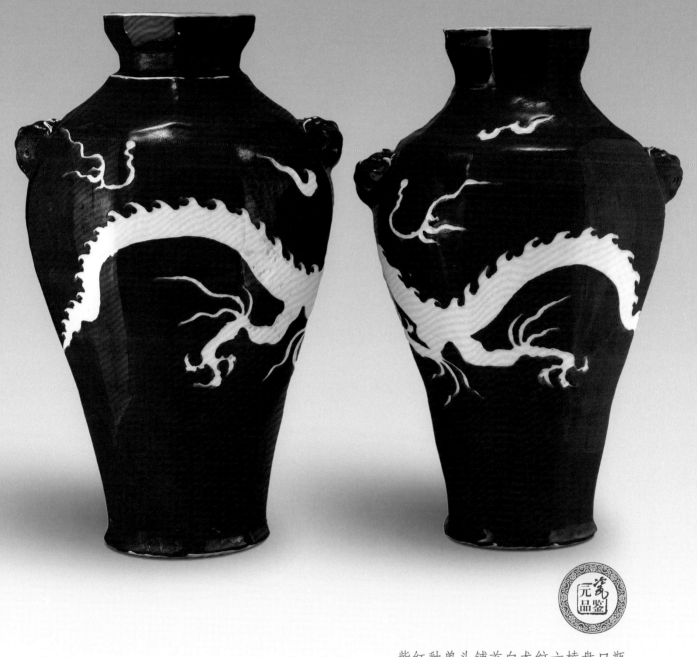

紫红釉兽头铺首白龙纹六棱盘口瓶

元天历无款

高 44 厘米

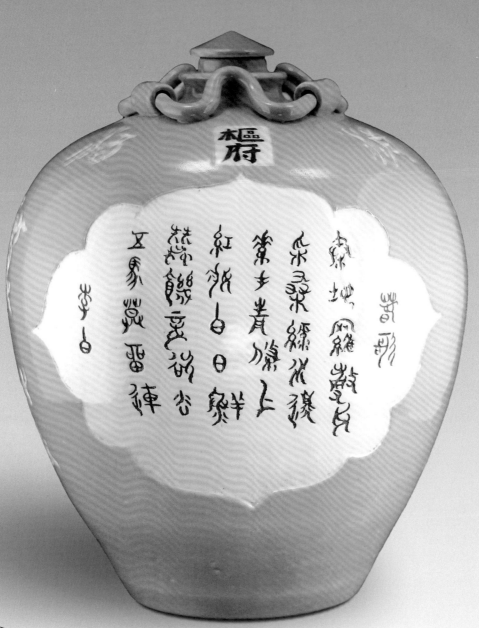

黄釉双面开光鸟篆体唐诗花形把手酒罐

元天历枢府铭文款

高 42 厘米

春　歌

秦地罗敷女，采桑绿水边。

素手青条上，红妆白日鲜。

蚕饥妾欲去，五马莫留连。

李白

夏　歌

镜湖三百里，菡萏发荷花。

五月西施采，人看隘若耶。

回舟不待月，归去越王家。

李白

黄釉双面开光鸟篆体唐诗花形把手酒罐

元天历枢府铭文款

高 42 厘米

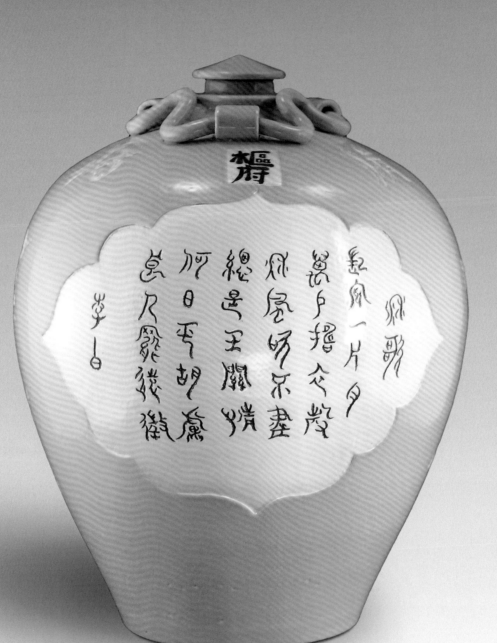

黄釉双面开光鸟篆体唐诗花形把手酒罐

元天历枢府铭文款

高 42 厘米

秋　歌

长安一片月，万户捣衣声。

秋风吹不尽，总是玉关情。

何日平胡虏，良人罢远征？

李白

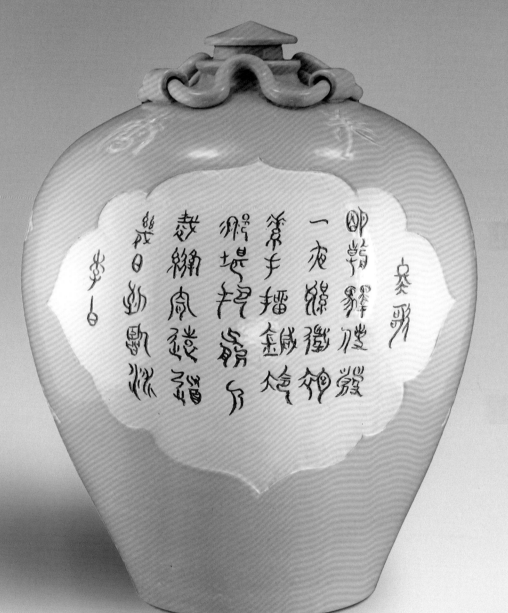

冬 歌

明朝驿使发，一夜絮征袍。

素手抽针冷，那堪把剪刀。

裁缝寄远道，几日到临洮？

李白

黄釉双面开光鸟篆体唐诗花形把手酒罐

元天历枢府铭文款

高 42 厘米

黄釉双面开光鸟篆体唐诗花形把手酒罐

元天历枢府铭文款

高 42 厘米

春　思

燕草如碧丝，秦桑低绿枝。

当君怀归日，是妾断肠时。

春风不相识，何事入罗帏？

李白

下马饮君酒

问君何所业

君言不得意

归卧南山陲

但去莫复闻

白云森尽时

王维

送　别

下马饮君酒，问君何所之。

君言不得意，归卧南山陲。

但去莫复问，白云无尽时。

王维

黄釉双面开光鸟篆体唐诗花形把手酒罐

元天历枢府铭文款

高 42 厘米

黄釉双面开光鸟篆体唐诗花形把手酒罐

元天历枢府铭文款

高 42 厘米

燕太子

秦王日无道，太子怨亦深。

一闻田光义，匕首赠千金。

其事虽不立，千载为伤心。

陈子昂

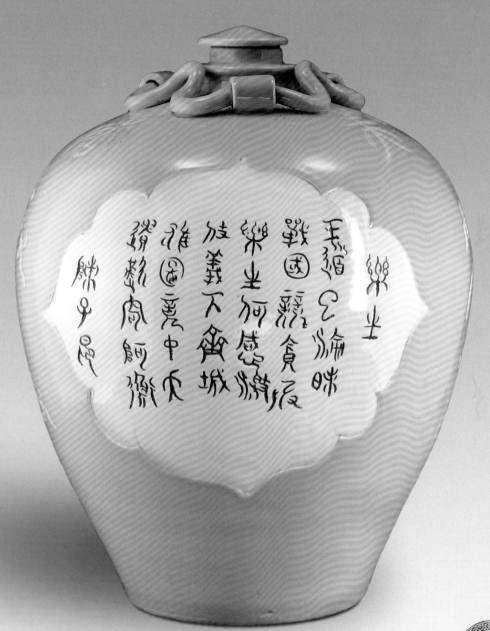

乐　生

王道已沦昧，战国竞贪兵。

乐生何感激，仗义下齐城。

雄图竟中夭，遗叹寄阿衡。

　　　　　陈子昂

黄釉双面开光鸟篆体唐诗花形把手酒罐

元天历枢府铭文款

高 42 厘米

黄釉双面开光鸟篆体唐诗梅瓶

元天历枢府铭文款

高 52 厘米

乐 生

王道已沦昧，战国竞贪兵。

乐生何感激，仗义下齐城。

雄图竟中夭，遗叹寄阿衡。

陈子昂

燕昭王

南登碣石馆，遥望黄金台。

丘陵尽乔木，昭王安在哉？

霸图怅已矣，驱马复归来。

陈子昂

黄釉双面开光鸟篆体唐诗梅瓶

元天历枢府铭文款

高 52 厘米

黄釉双面开光鸟篆体唐诗梅瓶

元天历枢府铭文款

高 52 厘米

燕太子

秦王日无道，太子怨亦深。

一闻田光义，匕首赠千金。

其事虽不立，千载为伤心。

陈子昂

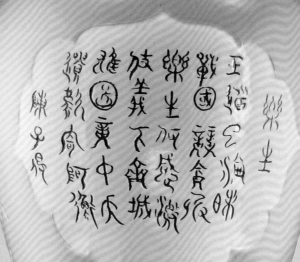

乐　生

王道已沦昧，战国竞贪兵。

乐生何感激，仗义下齐城。

雄图竟中天，遗叹寄阿衡。

陈子昂

黄釉双面开光鸟篆体唐诗梅瓶

元天历枢府铭文款

高 52 厘米

黄釉双面开光鸟篆体唐诗梅瓶

元天历枢府铭文款

高52厘米

燕太子

秦王日无道，太子怨亦深。

一闻田光义，匕首赠千金。

其事虽不立，千载为伤心。

陈子昂

田光先生

自古皆有死，徇义良独稀。

奈何燕太子，尚使田生疑。

伏剑诚已矣，感我涕沾衣。

　　　　　陈子昂

黄釉双面开光鸟篆体唐诗梅瓶

元天历枢府铭文款

高 52 厘米

黄釉双面开光鸟篆体唐诗梅瓶

元天历枢府铭文款

高 52 厘米

送　别

下马饮君酒，问君何所之。

君言不得意，归卧南山陲。

但去莫复问，白云无尽时。

王维

春 思

燕草如碧丝，秦桑低绿枝。

当君怀归日，是妾断肠时。

春风不相识，何事入罗帏？

李白

黄釉双面开光鸟篆体唐诗梅瓶

元天历枢府铭文款

高 52 厘米

黄釉海水龙纹梅瓶

元天历枢府铭文款

高 52 厘米

元瓷品鉴

黄釉海水龙纹梅瓶
元天历枢府铭文款
高 52 厘米

三七五

黄釉双面开光五彩莲池鸳鸯纹兽耳弦纹凤首壶

元天历枢府铭文款

高 38 厘米

黄釉双面开光五彩莲池鸳鸯纹兽耳弦纹凤首壶

元天历枢府铭文款

高 38 厘米

黄釉双面开光五彩人物纹玉壶春盘口瓶

元天历枢府铭文款

高 42 厘米

黄釉双面开光五彩人物纹玉壶春盘口瓶

元天历枢府铭文款

高 42 厘米

黄釉双面开光五彩莲池鸳鸯纹八棱玉壶春瓶

元天历内府铭文款

高 56 厘米

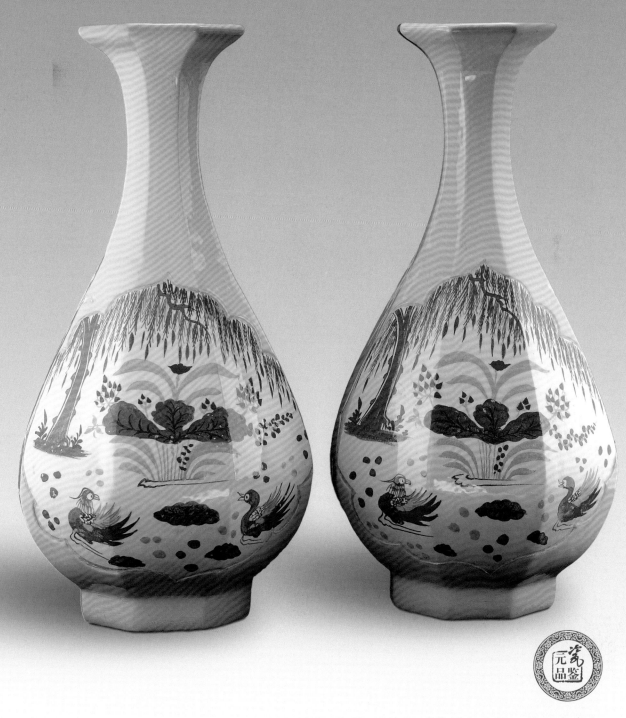

黄釉双面开光五彩莲池鸳鸯纹八棱玉壶春瓶

元天历内府铭文款

高 56 厘米

黄釉海水龙纹罐

元天历枢府铭文款

高 51 厘米

黄釉海水龙纹罐

元天历枢府铭文款

高 51 厘米

黄釉五彩麒麟飞凤扁方瓶

元天历内府铭文款

高 35 厘米

黄釉五彩麒麟飞凤扁方瓶
元天历内府铭文款
高 35 厘米

黄釉五彩花卉纹螭耳宝月瓶

元天历内府铭文款

高 33 厘米

黄釉五彩花卉纹螭耳宝月瓶

元天历内府铭文款

高 33 厘米

黄釉五彩法器花卉纹云耳宝月瓶

元天历内府铭文款

高 40.5 厘米

黄釉五彩法器花卉纹云耳宝月瓶

元天历内府铭文款

高 40.5 厘米

绿釉双面开光鸟篆体唐诗花形把手酒罐

元天历枢府铭文款

高 42 厘米

春　歌

秦地罗敷女，采桑绿水边。

素手青条上，红妆白日鲜。

蚕饥妾欲去，五马莫留连。

　　　　　　　　　李白

夏　歌

镜湖三百里，菡萏发荷花。

五月西施采，人看隘若耶。

回舟不待月，归去越王家。

李白

绿釉双面开光鸟篆体唐诗花形把手酒罐

元天历枢府铭文款

高 42 厘米

子夜吴歌
长安一片月，万户捣衣声。
秋风吹不尽，总是玉关情。
何日平胡虏，良人罢远征？
李白

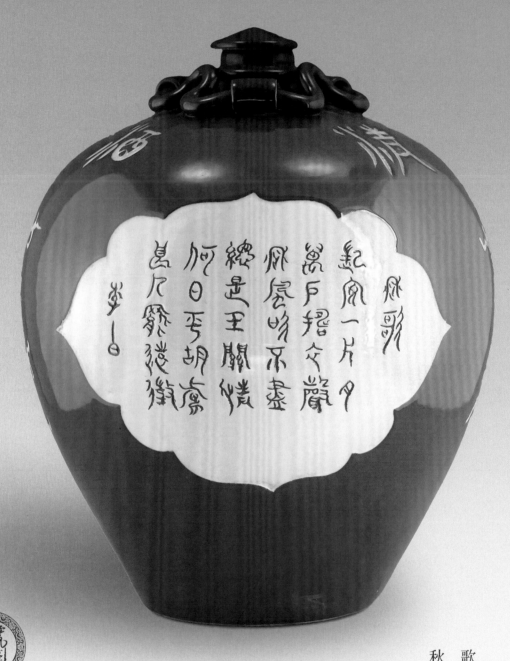

绿釉双面开光鸟篆体唐诗花形把手酒罐
元天历枢府铭文款
高 42 厘米

秋　歌
长安一片月，万户捣衣声。
秋风吹不尽，总是玉关情。
何日平胡虏，良人罢远征？
李白

冬 歌

明朝驿使发，一夜絮征袍。

素手抽针冷，那堪把剪刀。

裁缝寄远道，几日到临洮？

李白

绿釉双面开光鸟篆体唐诗花形把手酒罐

元天历枢府铭文款

高 42 厘米

燕昭王

南登碣石馆，遥望黄金台。

丘陵尽乔木，昭王安在哉？

霸图怅已矣，驱马复归来。

陈子昂

田光先生

自古皆有死，徇义良独稀。

奈何燕太子，尚使田生疑。

伏剑诚已矣，感我涕沾衣。

陈子昂

绿釉双面开光鸟篆体唐诗花形把手酒罐

元天历枢府铭文款

高 42 厘米

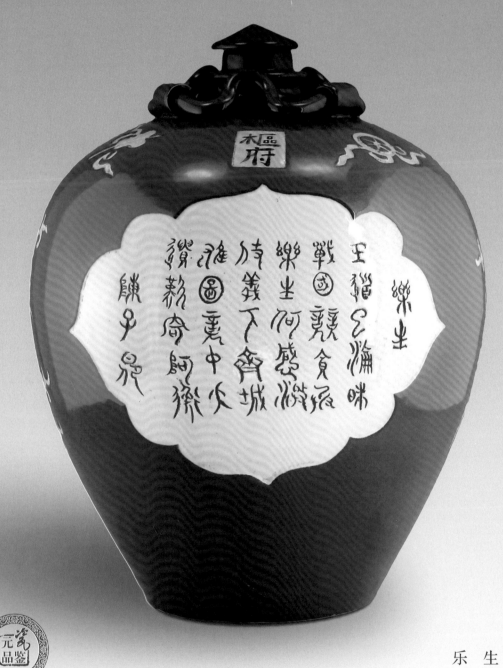

绿釉双面开光鸟篆体唐诗花形把手酒罐

元天历枢府铭文款

高 42 厘米

乐　生

王道已沦昧，战国竞贪兵。

乐生何感激，仗义下齐城。

雄图竟中夭，遗叹寄阿衡。

陈子昂

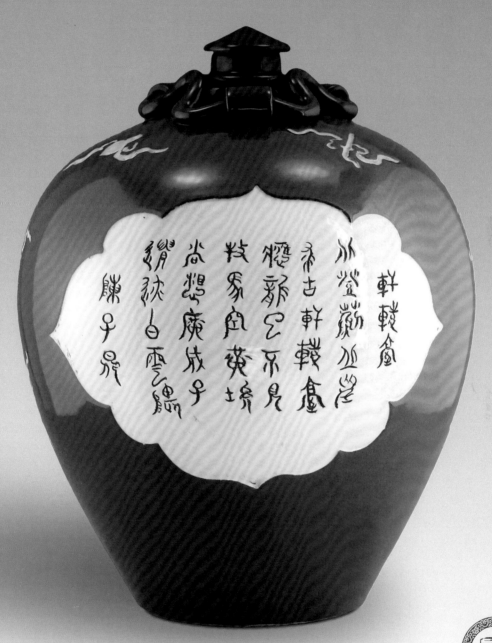

轩辕台

北登蓟丘望，求古轩辕台。

应龙已不见，牧马空黄埃。

尚想广成子，遗迹白云隈。

陈子昂

绿釉双面开光鸟篆体唐诗花形把手酒罐

元天历枢府铭文款

高 42 厘米

绿釉白龙纹玉壶春瓶
元天历内府铭文款
高 48 厘米

绿釉白龙纹玉壶春瓶

元天历内府铭文款

高 48 厘米

元瓷品鉴

绿釉海水龙纹梅瓶
元天历枢府铭文款
高 52 厘米

绿釉海水龙纹梅瓶

元天历枢府铭文款

高 52 厘米

绿釉龙纹梅瓶

元天历无款

高 43 厘米

淡紫釉双面开光鸟篆体唐诗花形把手酒罐
元天历枢府铭文款
高 42 厘米

春 歌

秦地罗敷女，采桑绿水边。

素手青条上，红妆白日鲜。

蚕饥妾欲去，五马莫留连。

李白

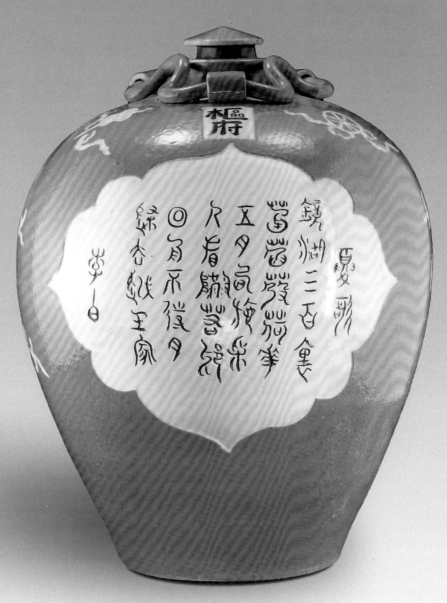

夏　歌

镜湖三百里，菡萏发荷花。

五月西施采，人看隘若耶。

回舟不待月，归去越王家。

　　　　　　　　李白

淡紫釉双面开光鸟篆体唐诗花形把手酒罐

元天历枢府铭文款

高 42 厘米

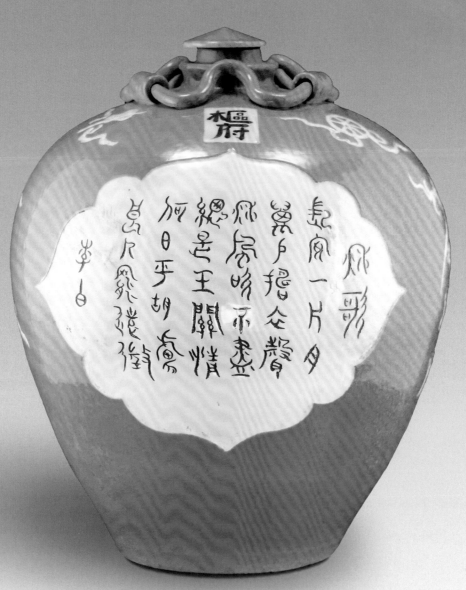

淡紫釉双面开光鸟篆体唐诗花形把手酒罐

元天历枢府铭文款

高 42 厘米

秋　歌

长安一片月，万户捣衣声。

秋风吹不尽，总是玉关情。

何日平胡虏，良人罢远征？

李白

冬 歌
明朝驿使发，一夜絮征袍。
素手抽针冷，那堪把剪刀。
裁缝寄远道，几日到临洮？
李白

淡紫釉双面开光鸟篆体唐诗花形把手酒罐
元天历枢府铭文款
高 42 厘米

淡紫釉双面开光鸟篆体唐诗花形把手酒罐
元天历枢府铭文款
高 42 厘米

燕太子
秦王日无道，太子怨亦深。
一闻田光义，匕首赠千金。
其事虽不立，千载为伤心。

陈子昂

邹　衍

大运沦三代，天人罕有窥。

邹子何寥廓，漫说九瀛垂。

兴亡已千载，今也则无推。

陈子昂

淡紫釉双面开光鸟篆体唐诗花形把手酒罐

元天历枢府铭文款

高 42 厘米

淡紫釉双面开光鸟篆体唐诗花形把手酒罐

元天历枢府铭文款

高 42 厘米

春 思

燕草如碧丝，秦桑低绿枝。

当君怀归日，是妾断肠时。

春风不相识，何事入罗帏？

李白

送　别

下马饮君酒，问君何所之。

君言不得意，归卧南山陲。

但去莫复问，白云无尽时。

王维

淡紫釉双面开光鸟篆体唐诗花形把手酒罐

元天历枢府铭文款

高 42 厘米

淡紫釉双面开光鸟篆体唐诗梅瓶
元天历枢府铭文款
高 52 厘米

田光先生

自古皆有死，徇义良独稀。

奈何燕太子，尚使田生疑。

伏剑诚已矣，感我涕沾衣。

陈子昂

燕昭王

南登碣石馆，遥望黄金台。

丘陵尽乔木，昭王安在哉？

霸图怅已矣，驱马复归来。

陈子昂

淡紫釉双面开光鸟篆体唐诗梅瓶

元天历枢府铭文款

高 52 厘米

淡紫釉双面开光鸟篆体唐诗梅瓶

元天历枢府铭文款

高52厘米

春 歌

秦地罗敷女，采桑绿水边。

素手青条上，红妆白日鲜。

蚕饥妾欲去，五马莫留连。

李白

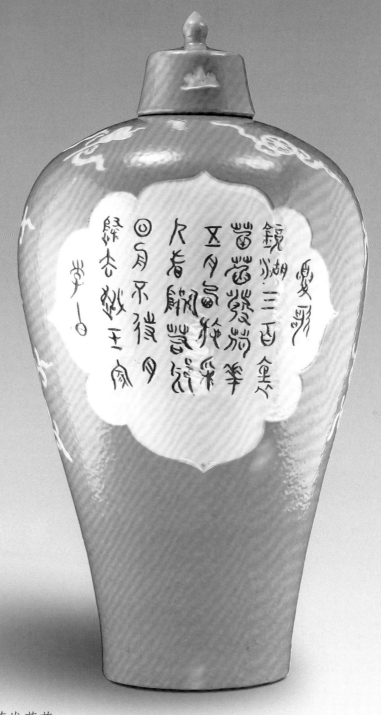

夏 歌

镜湖三百里，菡萏发荷花。

五月西施采，人看隘若耶。

回舟不待月，归去越王家。

　　　　李白

淡紫釉双面开光鸟篆体唐诗梅瓶

元天历枢府铭文款

高 52 厘米

淡紫釉海水龙纹梅瓶
元天历枢府铭文款
高 50 厘米

淡紫釉海水龙纹梅瓶
元天历枢府铭文款
高50厘米

紫釉双面开光五彩翠柳鸳鸯纹双耳花口瓶

元天历枢府铭文款

高 39 厘米

紫釉双面开光五彩翠柳鸳鸯纹双耳花口瓶

元天历枢府铭文款

高 39 厘米

湖蓝釉双面开光鸟篆体唐诗如意耳扁壶

元天历枢府铭文款

高 34 厘米

轩辕台

北登蓟丘望，求古轩辕台。

应龙已不见，牧马空黄埃。

尚想广成子，遗迹白云隈。

陈子昂

燕昭王

南登碣石馆，遥望黄金台。

丘陵尽乔木，昭王安在哉？

霸图怅已矣，驱马复归来。

　　　　　　陈子昂

湖蓝釉双面开光鸟篆体唐诗如意耳扁壶

元天历枢府铭文款

高 34 厘米

湖蓝釉双面开光鸟篆体唐诗花形把手酒罐
元天历枢府铭文款
高 42 厘米

轩辕台

北登蓟丘望，求古轩辕台。

应龙已不见，牧马空黄埃。

尚想广成子，遗迹白云隈。

陈子昂

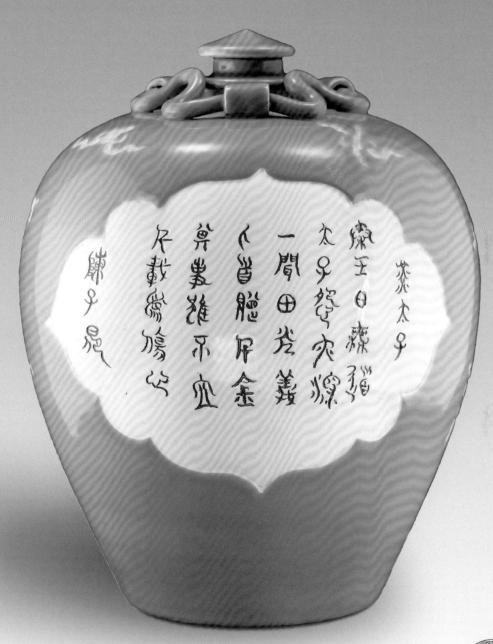

燕太子

秦王日无道，太子怨亦深。

一闻田光义，匕首赠千金。

其事虽不立，千载为伤心。

陈子昂

湖蓝釉双面开光鸟篆体唐诗花形把手酒罐

元天历枢府铭文款

高 42 厘米

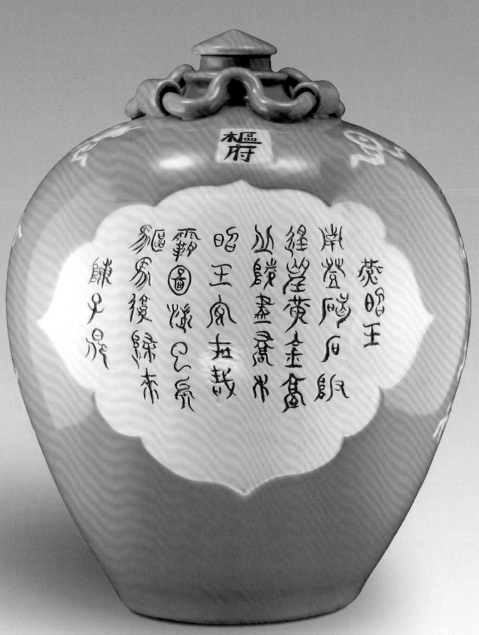

湖蓝釉双面开光鸟篆体唐诗花形把手酒罐

元天历枢府铭文款

高 42 厘米

燕昭王

南登碣石馆，遥望黄金台。

丘陵尽乔木，昭王安在哉？

霸图怅已矣，驱马复归来。

陈子昂

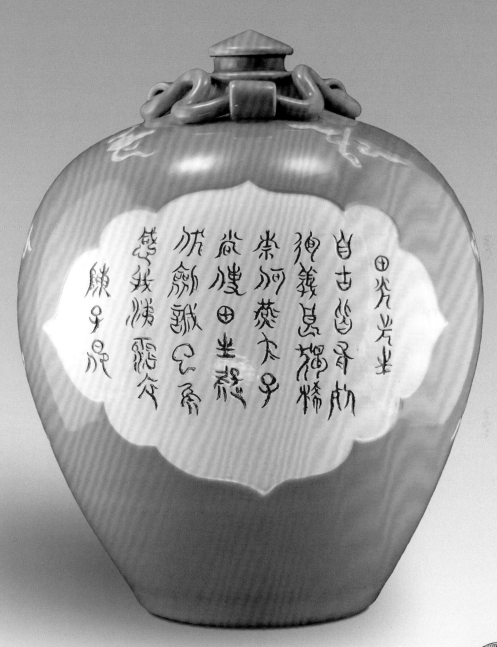

田光先生

自古皆有死，徇义良独稀。

奈何燕太子，尚使田生疑。

伏剑诚已矣，感我涕沾衣。

　　　　陈子昂

湖蓝釉双面开光鸟篆体唐诗花形把手酒罐

元天历枢府铭文款

高 42 厘米

湖蓝釉双面开光鸟篆体唐诗花形把手酒罐

元天历枢府铭文款

高 42 厘米

乐　生

王道已沦昧，战国竞贪兵。

乐生何感激，仗义下齐城。

雄图竟中夭，遗叹寄阿衡。

陈子昂

轩辕台

北登蓟丘望，求古轩辕台。

应龙已不见，牧马空黄埃。

尚想广成子，遗迹白云隈。

陈子昂

湖蓝釉双面开光鸟篆体唐诗花形把手酒罐

元天历枢府铭文款

高 42 厘米

燕草如碧丝，秦桑低绿枝。
当君怀归日，是妾断肠时。
春风不相识，何事入罗帏？

湖蓝釉双面开光鸟篆体唐诗梅瓶
元天历枢府铭文款
高 52 厘米

春思

燕草如碧丝，秦桑低绿枝。
当君怀归日，是妾断肠时。
春风不相识，何事入罗帏？

李白

游子吟

慈母手中线，游子身上衣。

临行密密缝，意恐迟迟归。

谁言寸草心，报得三春晖。

孟郊

湖蓝釉双面开光鸟篆体唐诗梅瓶

元天历枢府铭文款

高 52 厘米

湖蓝釉双面开光鸟篆体唐诗梅瓶

元天历枢府铭文款

高 52 厘米

燕太子

秦王日无道，太子怨亦深。

一闻田光义，匕首赠千金。

其事虽不立，千载为伤心。

陈子昂

燕昭王

南登碣石馆，遥望黄金台。

丘陵尽乔木，昭王安在哉？

霸图怅已矣，驱马复归来。

陈子昂

湖蓝釉双面开光鸟篆体唐诗梅瓶

元天历枢府铭文款

高 52 厘米

湖蓝釉海水龙纹梅瓶

元天历枢府铭文款

高 50 厘米

湖蓝釉海水龙纹梅瓶

元天历枢府铭文款

高 50 厘米

湖蓝釉双面开光五彩刀马人纹双耳衔环蒜口瓶

元天历枢府铭文款

高 56 厘米

湖蓝釉双面开光五彩刀马人纹双耳衔环蒜口瓶

元天历枢府铭文款

高 56 厘米

黑釉五彩龙纹凤首壶
元天历内府铭文款
高 44.5 厘米

黑釉五彩龙纹凤首壶

元天历内府铭文款

高 44.5 厘米

黑釉五彩龙纹凤首壶

元天历内府铭文款

高 44.5 厘米

黑釉五彩龙纹凤首壶

元天历内府铭文款

高 44.5 厘米

黑釉五彩龙纹象耳盘口瓶

元天历内府铭文款

高 64.5 厘米

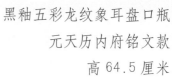

黑釉五彩龙纹象耳盘口瓶

元天历内府铭文款

高 64.5 厘米

【附录】

元瓷百年回顾与展望

科学活动是人类团结一致共同进步的最有力的纽带。因为人类所进行的科学研究本质上是一致的，对科学、对知识、对真理的追求将会把整个人类统一起来。

——〔美〕乔治·萨顿《科学史和新人文主义》

当今的世界，正朝着一体化方向发展。每个国家、每个民族都在这一历史进程中不失时机地展示自己独特的历史和文化的魅力，以期获得更多民族的认同和接受。

中国，作为一个古老的东方文明大国，其历史之久远，其文化之灿烂，早已为全世界各国人民所仰慕。中国古代的四大发明：造纸术、印刷术、火药、指南针曾推动了世界的文化、科技的发展。而中国的陶瓷早在一千多年前就辗转流传到了世界各国，成为他们爱不释手的宝贝，他们从古至今一直用"瓷"

（China）来称谓中国和中国人。

元朝，是一个由少数民族建立的政权，其疆域空前广阔，人口规模和经济总量居世界前列，同时，也给后世留下很多谜团。

元朝非常重视制瓷业，设立了浮梁瓷局，这是中国政府第一次在景德镇设立的官方管理制瓷业的机构。其产品数量之大、对外交流之广，都是令人难以置信的。岁月之河虽然能冲淡人们的记忆，但历史事实是不能被否认的。

元朝之后，元瓷的命运一波三折。从四个时间节点上看，元瓷命运的变化耐人寻味：1278 年第一件元瓷在景德镇烧制成功；1929 年英国学者霍布逊在戴维德基金会东方艺术博物馆发现了一对"至正型"元青花云龙纹象耳瓶；1952 年美国博士约翰·波普在土耳其托布卡宫找出一批"至正型"元青花瓷器；2005 年 7 月 5 日英国佳士德拍卖会上一件元青花大罐被拍出了天价。中国元瓷的际遇，只有通过时间的坐标，才能看清它背后暗藏的玄机。

历史偏见　贻误后人
海外遗珍　慧眼识宝

现代社会流行一句名言："角度决定视野。"这句话很有哲理。一对青花龙纹象耳瓶在老北京琉璃厂的

中国古董商眼中一钱不值，认为此物"非唐、非宋、不清、不明"，而这对青花龙纹象耳瓶却成了英国学者霍布逊的宝贝。他通过瓷器颈部 60 个汉字铭文发现了这是一对元代瓷器。于是他兴奋地告诉助手："这是两件伟大的作品。由于它们的出现，一段中国陶瓷史将由我——一个外国人来改写！"

为什么中国古董商和英国学者的观点有天壤之别？这取决于各自所站的角度不同。中国商人是站在市场的角度看它的经济价值，而外国人则从中国的历史角度看它的文化价值。

中国元朝在外国人眼中是不得了的。直到成吉思汗辞世 800 年以后的二十一世纪，国外的一些书刊在推出世界名人排行榜时，仍把"成吉思汗"这个名字列于亚历山大大帝、拿破仑、彼得大帝之前。美国最有影响的《华盛顿邮报》和《纽约时报》则分别评价成吉思汗为"千年风云第一人"。而忽必烈所建立的元

朝，更令外国人向往。他们通过《马可·波罗游记》了解到元朝的强大、繁荣，元朝皇宫的富丽堂皇。在马可·波罗眼中，忽必烈是有史以来臣民最多、疆域最广、收入最丰的王中之王。

研究元朝的兴衰、破解元朝留下的谜团，是西方学者非常感兴趣的事。所以，当霍布逊于 1929 年发现了元青花龙纹象耳瓶后，马上发表了《明以前的青花瓷》，文中他热情洋溢地向全世界介绍了这对中国元代青花龙纹象耳瓶。因为通过对这对青花大瓶的发现和认定，向世人展示的绝不仅仅是它的经济价值，更是它的历史价值、文化审美价值和科学研究价值。霍布逊的文章填补了中国的陶瓷史一个重要空白，揭开了元瓷研究的序幕。

无视真相　受制于人
玩弄手段　大发横财

自 1929 年霍布逊发现元青花并公开发表其研究成果后，受到了全世界同行的关注，但元青花的故乡中国却对此置若罔闻。一些外国学者理解中国人的态度是对霍布逊理论的否定。23 年后，美国古陶瓷学者约翰·波普博士于 1952 年又在土耳其博物馆发现了数十件中国元青花，并撰写了两本著作——《14 世纪青花瓷：伊斯坦布尔托普卡比所藏的

一组中国瓷器》、《阿德比尔神殿收藏的中国瓷器》。这两本书开创了系统性研究元青花之先河。

令人遗憾的是，约翰·波普博士对元青花的热忱，仍然没有唤起中国陶瓷界对元瓷的青睐。

二十世纪是被经济学家称为眼球经济的时代。元青花被英美专家学者重新发现并著书立说后，极大地提

升了中国文物在世界艺术品领域的地位。随着两位洋专家关于元青花的研究逐渐被国际市场认可，元青花瓷器在国际市场的价格节节攀升，这一现象很快被欧美的一些收藏家所关注。当他们深入了解元青花的身世后，发现了一个唾手可得的金娃娃。

中国陶瓷和丝绸一样，在中国古代输出品中占有极其重要的地位，在与世界各国的相互交流中曾起过桥梁和纽带的作用。陶瓷贸易的主要路线，一条是沿着著名的丝绸之路——陆路，远销中亚、波斯以至地中海东部的一些国家。另一条是海路自广州绕马来半岛，经印度洋达波斯湾，到达地中海直至非洲的埃及，这条海道被称为"海上陶瓷之路"①。有人估计：在中国以及东南亚海域中大约有 2000～3000 艘中国古沉船，其中以宋元船只居多，这些沉船上的宝藏大多是中国古代精美的瓷器。有专家称，这些沉船构成了一个海底瓷都②。因此，

一群嗅觉灵敏的国际海盗很快把目光投向海上陶瓷之路，他们把发财梦寄托在中国的古沉船上。

从二十世纪八十年代开始，一群来自"文明国度"的"科学家"，以科学考察为名，多次把他们贪婪的黑手伸进中国的南海等区域，他们疯狂地劫掠中国古沉船中的宝贝。

还有一位美国海底寻宝者，

他从二十世纪八十年代开始，已先后打捞了 16 艘沉船，总共收获逾 23000 件中国古代文物，价值无法估算。他自称经过多年测绘，大脑里有一张"中国海底藏宝图"，那将是他一生取之不尽、用之不竭的巨大财富。他自开公司网站，公开发售的中国古代文物多达万余件。此人的恶劣行径曾多次受到海内外华人的强烈谴责。

更令人不能容忍的是：盗贼偷走了主人的宝贝，竟敢回头卖给其主人，真是欺人太甚！1986 年，中国国家文物局收到了来自荷兰拍卖会的邀请，此次

① 《中国古陶瓷》（上海书店出版社 2003 年 1 月出版）第 93 页。

② 《谁在收藏中国》（山西人民出版社 2008 年 12 月出版）第 97 页。

拍卖的拍品均为中国古陶瓷，拍场门前大幅广告牌用英文醒目地写着"两百年前订货，今日到港"。这次拍卖会是由爱尔兰人麦克·哈彻一手操控的。1984年他以"考察"名义在中国南海打捞了1753年触礁沉没的"歌德马尔森"号沉船与15万件中国瓷器和125块金锭。1985年夏，他又在中国中沙群岛打捞了1822年1月14日在此不慎

触礁的中国泰兴号商船。这艘大型商船上装载着大量中国景德镇生产的精美瓷器，哈彻将他盗捞的中国宝贝首先藏匿在公海，然后在本国一个影响不大的报纸上发布简短消息。一年以后，他带着部分窃捞照片在一个大型新闻媒体宣布：按照所谓"无人认领的沉船允许拍卖"的规定，他将公布一年后仍"无人认领"的泰兴号沉船上所有的中国文物，交由英国佳士德拍卖行，在荷兰阿姆斯特丹公开拍卖，并邀请中国国家文物局参加此次拍卖会。

中国考古界接到拍卖会公告后，指责哈彻这一不道德行为。致电有关国际组织，要求哈彻遵守1982年制定的《联合国海洋公约》，与"泰兴号"的来源国中国共同协商处理这批文物。不幸的是这些迟到的"正义之举"均发生在英国媒体公布消息一年之后，最终未能引起任何反应。

海盗们的恶劣行径曾多次受到海内外华人的强烈谴责，由于我们缺乏斗争经验，至今也没有把那些被海盗劫掠的宝贝要回来。为了索回国宝，中国只有从国库里挤出有限的资金，或由一些爱国企业家掏钱，去境外竞买自家的物品。其情之难，令人扼腕长叹！

元瓷新鉴 重大发现
哄抬青花 文物大战

元青花在二十世纪的国际舞台上被捧得越来越高，因此，它风光无限地度过了半个多世纪。

当时钟敲开了二十一世纪之门，从元青花的产出地中国传出了一个新的论断：青花是二类品，元朝的精品是官府用瓷，它才是一类品。这一极有价值的论断出自内蒙古人民出版社2000年12月出版的《元瓷新鉴》一书。该书作者是内蒙古自治区上元博物馆馆长砚鸿先生。为了全面研究元瓷，他历时五年风餐露宿，奔走于大漠草原，走访乡民，考察遗址，采集了大量的珍贵标本与实物，并进行了深入的分析研究。在此基础上得出结论："关于官府用瓷问题，从胎釉底与绘制风格上看，白釉瓷、红釉瓷、蓝釉瓷等品种，均为胎白釉润，底足工整，精美规范的瓷中精品，换言之，它是一类品。而青花瓷与青花釉里红与上述相比，就差一些，可归为二类

品。"① 该书介绍了四个带有"内府"、"内府公用"、"大元国至元二年二月"、"枢府"、"枢府公用"铭文的梅瓶、玉壶春瓶和葫芦三管瓶。其造型之精良、色彩之华美，令人叹为观止。而元青花瓷与这些独具王者之气的官府用瓷相比，只能用质朴端庄来形容了。

继《元瓷新鉴》出版之后，2003年1月由陈文平先生编著再版的

《中国古陶瓷》一书，由上海世纪出版集团上海书店出版社出版。陈文平先生在《中国古陶瓷》一书中全面地介绍了元代景德镇制瓷业发展过程。"元代是我国陶瓷史上一个十分重要的时期"，"景德镇青白釉瓷品的生产盛于宋代"。文中除了介绍元青花之外，还详细介绍了元代景德镇烧造的釉里红和卵白釉瓷。"卵白釉瓷是元代景德镇创烧的另一个新品种，因其釉呈失透状，色白微青，颇似鹅蛋色泽，故名。元代军事机构'枢密院'在景德镇定烧的卵白釉瓷器，在以印花为主的饰纹中间，往往印有对称的'枢府'二字，因此，卵白釉瓷习惯上又称为枢府瓷。传世品中还有印'太禧'、'福禄'、'玉'等字铭的卵白釉瓷。'太禧'是元代专掌祭祀的'太禧宗禋院'的简称，带'太禧'字铭的卵白釉瓷是太禧宗禋院征用的贡瓷。从目前所掌握的考古发掘资料和文献资料看，卵白釉瓷在元大德年间

（十四世纪初）已经烧造，并且终元一代长盛不衰，一直到明代早期（十四世纪末）还在继续烧造，时间长达一个世纪左右。"②

"卵白釉瓷装饰以印花为主，题材比较简单，常见的纹饰有缠枝花卉、龙纹等，其中有一部分印有双角五爪龙纹，根据《元史·舆服志》规定：'双角五爪龙纹臣庶不得使用。'因此，

凡印有双角五爪龙纹的器物是宫廷用瓷。一般来说，印有双角五爪龙纹和'枢府'、'太禧'、'玉'等字铭的器物，质量都比较高。"③

陈文平先生还在此书中发布了一个新资讯："中国文物工作者在中国官窑窑址的重要新发现：杭州市文物考古所于1996年至2001年间，先后进行了三次考古调查与发掘，发现了南宋至元代三个时期的遗存，出土了一大批完整的和可以复原的瓷器和窑具。这些瓷器品种丰富，造型优美，制作精良，尤其是

---

① 《元瓷新鉴》（内蒙古人民出版社2000年12月出版）第18页。

② 《中国古陶瓷》（上海书店出版社2003年1月出版）第56～57页。

③ 《中国古陶瓷》（上海书店出版社2003年1月出版）第57页。

南宋时期，代表了当时制瓷业的最高工艺水平，所含特征无不与历史文献的有关记载相吻合。因此，专家认定老虎洞窑址即文献所载南宋修内司官窑，解开了中国古陶瓷研究中一大悬案。"①

我们也从杭州考古所这次重大发现中见证了一个事实真相，被世人所珍视的宋代官窑到了元朝并未停烧，而是被元朝传承了下来，这也为未来

研究元朝时期的各类官窑瓷器提供了依据。

中国自改革开放后，陶瓷研究百家争鸣、百花齐放，一片春意盎然。《元瓷新鉴》和《中国古陶瓷》两部著作对元瓷的新发现，是中国改革开放后在文化领域中取得的重要成果，它向世人掀开了元瓷研究崭新的一页。

大量事实证明：元青花瓷只是元瓷冰山的一角。真正代表元瓷高峰的官府用瓷，诸如蓝釉、红釉、白釉、卵白釉等高质量的瓷器，将会随着元瓷研究的深入而陆续展现在世人眼前。这是东西方文化相互撞击、相互影响的结果。中国在元瓷研究的范围早已突破了元青花的范围，其成果早已超越了英美专家，这对于全世界元瓷研究的专家和学者无疑是个令人振奋的好消息。但是，对于那些打捞了大量青花瓷、准备大发横财的奸商们却是当头一棒。这些人绝不能让自己不惜血本捞来的宝贝贬值，于

是，一场没有炮火硝烟的博弈悄然拉开了帷幕。

经过精心策划与包装，由善于制造财富神话的英国佳士德拍卖公司出面，推出一个中国元代景德镇所产的人物纹青花大罐在全世界巡展，用以吸引全世界的眼球。尤其吸引了与这个大罐有着血缘关系的中国及新加坡等地的收藏家，利用他们的爱国之情，为此

罐花落谁家的博弈造势。

2005 年 7 月 12 日，英国伦敦佳士德公司拍卖场上，这个经数月全球巡展的元青花大罐，经过一番举牌竞拍，最终以 1568.8 万英镑（当时折合人民币 2.3 亿元）的天价，被英国著名古董商埃斯凯纳齐所获，创下了佳士德公司当时亚洲艺术品拍卖的最高纪录。同时，也刷新了中国文物艺术品的世界拍卖纪录。

买主埃斯凯纳齐在得到大罐后还透露了一个令人意外的秘密，他是受人之托参加竞拍的，并非这件拍品的真正藏家。在记者的一再追问下，埃斯凯纳齐最后说了一句：买主不是亚洲人，也不是英国人，便离场而去。

---

① 《中国古陶瓷》（上海书店出版社 2003 年 1 月出版）第 45 页。

自元青花大罐拍出天价后，中国的文物在国际市场上的热度全面升温，特别是元、明、清三代景德镇瓷器的价格扶摇直上，拍卖纪录接二连三被刷新。

"据国内权威媒体最新公布的统计：仅2007年，在全世界艺术品市场参拍的中国文物，超过1000万元人民币成交的拍品多达226件。"①

策划者的阴谋得逞了，他们

的囤货都变成了抢手货，个个赚得盆满钵满，而不惜重金的购买者大都是刚刚富起来的中国收藏者。

反思神话　发现魔鬼
篡改历史　瞒天过海

西方有句名言：魔鬼藏在细节中。一个七百年前景德镇生产的青花瓷罐，何以卖出天价？英国佳士德公司的真本事在哪里？事隔多年，我们不妨冷静地回忆整个拍卖会的每一个细节。

首先，英国拍卖行为这件青花大罐造势，把它拉到世界各地巡展，宣传此罐的珍贵度。

佳士德公司言之凿凿地对外介绍："目前有记载的绘有人物故事的元青花罐全世界仅存7件，大多沉淀在各大博物馆，而这件是未被记载的第八件，几乎可以说是全球市场上唯一可以流通的一件……"

搞收藏的人都知道，全世界无论哪个国家，都把文物的历史价值及其珍稀度摆在第一位。这件青花大罐经此包装，顿时变成了世界的唯一。此招果然奏效，一大群华裔收藏家们爱国热情被激发出来，同时也吊起了他们的胃口，让他们如期走进了拍卖会场。

在热烈的拍卖现场，拍卖师煽情的点评更让所有的收藏家们跃跃

欲试。

"女士们，先生们！这件拍品产生自七百年前的中国景德镇，图案衍生于中国战国时期乐毅图齐的故事……此罐所施青花幽菁，所绘故事引人入胜，人物刻画流畅自然、神韵十足、栩栩如生，罐子画工细腻传神，巧夺天工，各种辅助纹饰也是笔笔精到，十分完美，显然是出自画家而非工匠之手，这使得瓷罐非普通的青花瓷可比，堪称中国瓷艺之瑰宝……"

拍卖师这一大段对拍品的介绍似乎天衣无缝，但是只要对元朝景德镇制瓷业稍有了解的人，就会知道这个拍卖师此番言论是既卖矛又卖盾。

① 《谁在收藏中国》（山西人民出版社2008年12月出版）第32页。

既然拍卖师一开始就告诉大家这件瓷罐产自七百年前的景德镇，那么，这个瓷罐的生产一定不会脱离当时的生产流程。对元朝社会制度稍有了解的人都知道，元朝是个等级森严的朝代。景德镇是元朝设的浮梁瓷局所在地。据《元史·百官志》记载，浮梁瓷局属将作院："秩正九品，至元十五年立，掌烧瓷器，并漆造马尾、棕藤、笠帽等事。

大使、副使各一员。"①浮梁瓷局虽官居九品，但管理甚严。元代蒋祈在《陶记》中记载："窑有尺籍、私之者刑，釉有三色、冒之者罚，凡不利于官者，一涉欺瞒，则牙、商、担夫，一例坐罪。"

试想，在这样严格的生产流程中，一件瓷罐怎能从一个工匠手中跑到一个画家手中，完成它七百年后的天价传奇？

拍卖师自以为能画龙点睛，在众目睽睽之下编造了一个神话，把一件普通瓷罐的画面创作有意说成出自画家之手，而非工匠之手，这两字之变，瞬间把魔鬼藏进了细节中，让此罐顿时凌驾于所有元青花瓷器之上。

大家都清楚，艺术是无价的，尤其是欧洲绘画大师的传世作品几乎都是天价。如果这个青花大罐是七百年前中国画家绘制的，那么它理所当然就是"瓷艺瑰宝"，它被拍出天价完全是意料之中的事了。

英国佳士德拍卖公司为了哄抬起一件青花瓷的身价，不择手段篡改历史，虽然他们的目的达到了，但是他们的狐狸尾巴已完全暴露在光天化日之下，成为世人的笑柄。

"不要把自己吹得又高又胖，一根小针就能使你恢复原样。"请他们记住德国大诗人尼采的忠告吧！

"这是一个惊天大阴谋！"中国一位资深记者吴树托着病弱的身体追踪此事的背景后，告诉全国同胞："这是西方奸商设的局！"他指出："近十年来，无论在国内外拍场，那些价值连城的藏品从何而来？最终获利者又是谁？答案只有一个：那些西方人，将他们在历次侵华战争中从中国本土抢掠过去的奇珍异宝，恶意抬升价格后，再以天价卖给中国人，赚取'无本万利'！这不是阴谋又是什么？"②

"经济是只看不见的手"，这是英国社会哲学家亚当·斯密的名言。在市场经济中，这只手无处不在，它上可操

---

① 《元瓷新鉴》（内蒙古人民出版社2000年12月出版）第18页。
② 《谁在收藏中国》（山西人民出版社2008年12月出版）第2页。

纵总统宣战，下可导演平民婚配。那些老牌资本主义国家的臣民们深谙此道。他们正是借用这只手，在拍卖会上把元青花大罐的身价猛地一抬，制造了一个天价神话，把刚刚进入世界文物市场的中国老百姓推进了元青花的八卦阵里，他们趁机大发横财。而中国这些还处在消费幼稚期的收藏家们，至今还沉醉在元青花天价的大梦里……

回顾历史　展望未来
元瓷研究　后来居上

西方世界有个古老的传说：有个农夫总想发大财，听说在很远的地方，埋着比黄金还值钱的钻石，谁要是挖到它，谁就能成为世界上最富有的人。于是，他变卖了家园，踏上了寻找钻石之路。好多年过去了，当他两手空空、衣衫褴褛地回到故乡，却听到家乡的人告诉他，买了他田产的人在他家后院挖到了世界上最大的钻石。从此，西方社会就流传着一句名言：钻石就在自家后院。回首中国元青花重新被国人认可的过程，和这个西方故事何其相似。

历史是记忆，更是反思。一个没有记忆、不会反思的民族是没有希望的。

1929 年，英国学者霍布逊仅凭他发现的一对元青花龙纹象耳瓶就成功地改写了中国陶瓷的历史。

1952 年，美国的古陶瓷专家约翰·波普博士驻足在一批元青花瓷器面前，心不住地颤抖，他不敢相信那一件件如蓝天白云般的瓷器全部都是出自古代中国人之手。因为他以为只有万能的上帝之手才能创造出如此气势恢宏、美妙绝伦的陶瓷作品的。于是，他第一次为元青花瓷命名为中国"至正型"。并据此撰写了两本著作，成为系统性研

究元瓷的第一人。他对接待他的土耳其同行说："上帝说：人类的精神财富本该共享。"

无情的历史告诉我们：全球化的进程是不等后来者的！机会稍纵即逝，谁要掌控未来，就必须把握先机。机会只垂青那些为它做好准备的人。

2000 年，中国的元瓷研究专家砚鸿先生经过多年考证，全面、系统地向世人揭示了元瓷家族的起始兴衰。他著的《元瓷新鉴》为后人全面研究元瓷推开了那扇虚掩的大门，让人们看到了一个带着大漠豪情、帝王之气的元瓷家族的本来面目。

2003 年，陈文平先生著的《中国古陶瓷》一书，介绍了元瓷在七百年前是何等风光，它风靡世界，人见人爱。"元代瓷器行销的范围有五十几个国家和地区，其中包括日本、菲律宾、印度、越南、马来西亚、印度尼西亚、泰国、孟加拉、伊朗等国家以及北非和东非部分地区。

中世纪四大旅行家之一的伊本·巴图塔曾记述，元代瓷器已经运销到北非的摩洛哥。"①

"外销的元瓷品种主要有青瓷、青白瓷和青花瓷。龙泉窑青瓷大量行销海外，因此浙江、福建、广东出现了不少仿烧龙泉青瓷的瓷窑。1977 年在韩国木浦市附近的海底，发现了一艘我国元代沉船，打捞出瓷器一万多件，以青瓷和青白瓷为主，其中龙泉青瓷达数千件。景德镇生产的青花瓷器，在元代晚期达于成熟，日本、菲律宾、泰国、印度尼西亚、印度和埃及等国，都出土了元青花瓷器及标本。泉州、德化等窑青白瓷军持和盒子畅销东南亚很多地区，在这些地区都有出土。"②

大量事实证明：如果把整个元瓷家族出场比作一台大戏的话，那么，元青花只是第一个出台的清纯、庄重的报幕员，而整台大戏的生、净、旦、丑，名角大腕正待盛装出场。目前，研究元瓷、元史已成为全球热点。英国、美国、日本、土耳其、伊朗等国在元瓷研究方面早已走在前列。

中国自改革开放之后，一大批元瓷研究的专家、学者在元瓷研究领域已取得了新的突破，并取得了丰硕的成果，成为全球同行的翘楚。然而，在 2005 年，一件天价青花大罐横空出世，让中国元瓷的研究方向瞬间发生了戏剧性的转变。成千上万的中国收藏者和专家学者们都跟着下山的鬼谷子老先生走进了"青花源"。在此安营扎寨对垒开战已经十年。众人围绕着元青花存世量展开了一轮又一轮的专题辩论。"你方唱罢我登场，到头来都是给人家做嫁衣裳！"而十几年前，中国人对元瓷研究方面的重大成果至今却鲜为人知。

在全球化与中国传统文化复兴的挑战与机遇来临之际，中国的元瓷研究将何去何从？我们中国人的民族自豪感，我们民族的自觉、自信、自强的精神体现在哪里呢？这一切值得每个中国公民深思。

历史是一个民族的根，文化则是一个民族的魂。经济可以富国，文化才能强国。"一个民族天才的最高化身之一是其文化遗产。"③守住我们的文化遗产，才能守住我们在世界民族之林的位置。让世界更多的民族认同和接受中国文化，才是中国传统文化复兴之道，也是应对全球化之道。

① 《中国古陶瓷》（上海书店出版社 2003 年 1 月出版）第 95 页。

② 《中国古陶瓷》（上海书店出版社 2003 年 1 月出版）第 95 页。

③ 《谁在收藏中国》（山西人民出版社 2008 年 12 月出版）第 12 页。

让中国走向世界，让世界了解中国，这是大势所趋，也是13亿中国人的共同心愿。

天行健，君子当自强不息！

今天，中国人民正在为实现伟大的"中国梦"而努力拼搏。随着全民的进取意识、机遇意识、责任意识的空前提高，此前一度困惑的元瓷研究一定会走出误区。

"占领制高点！"这是习近平总书记向全国各界精英发出的号令。这一号令为我们指明了实现"中国梦"的前进方向。可以预见，中国元瓷研究将会随着中华民族伟大复兴的历史大潮异军突起，后来居上。

后　记

夕阳西下，我静静地坐在小客厅的沙发上，默默地注视着对面的宝石蓝釉龙纹梅瓶，它那端庄的造型，晶莹透亮的蓝釉，雪白的飞龙，让人感受到震撼人心的艺术魅力。

遥想七百多年前的某一天，一个烧窑的工匠，把他的才华和智慧赋予一堆瓷土，成型后又把它放入烈火中烧造，上千度的高温让它焕发出超凡脱俗的光彩，当人们把它从窑中取出时，它再也不是那个怕风、怕水的俗胎子，而是一个永远不朽的艺术生命。这些人类的杰作，随后进入了富丽堂皇的元朝宫殿。多少皇亲国戚以它们的主人自居，多少王公贵族环绕在它们身边高谈阔论，多少皇妃宫女在它们身边翩翩起舞，多少卑微贫贱的仆人在它们身边轻声叹息……

斗转星移，日出日落，那些围绕在它们身边的人都如走马灯一样转身了无踪迹，那些不可一世的显赫权贵都变成了尘埃。而这些瓷器却依然如新，就像刚从窑里取出时那样丝毫未变。它用无声的事实告诉我们：人类创造的美好的东西是不朽的，而不朽的东西永远不会只属于某个人，它是人类的共同财富，那些想永远独占它的人都是世界上最愚蠢的人。

美国大收藏家福瑞特·费恩，倾其一生追寻各种稀世珍宝，被美国人称为收藏界的"巴菲特"。在他82岁时的一个阳光明媚的清晨，他站在落地窗前，看见窗外的树枝又吐出了新绿，突然顿悟：大自然一切都在循环，而我会循环吗？1000年后我对世界有何影响？当他的目光落在中国元代的青花瓷瓶上时，顿时产生了新的梦想：我要把我收藏的宝贝重新埋入地下，让后人继续寻找！或许，这也算是一种循环和轮回。于是，他写了《激动人心的追逐》一书，此书荣登2012年度美国畅销书排行榜榜首，福瑞特·费恩又开始追逐起他新的梦想。

一个人的生命和永恒的艺术品相比是短暂的，人的一生在历史的长河中像一朵细小的浪花，瞬间开放，瞬间消失。但在这一瞬间中，人比那些永恒的艺术品又多了一点东西，那就是灵魂。这个小小的精灵是可以感知宇宙万物，是可以创造一切美好的。一个高贵的灵魂能够感天动地与日月同辉。这也许是福瑞特·费恩追逐新梦想的动力之源吧！

每个喜欢收藏的人其实都是怀揣梦想的人。尤其是中国人，拥有五千年文明史，每个中国人全身的细胞都浸润着华夏文化的味道。所以对于自己老祖先所留下的东西有着难以言表的情怀。中国大收藏家张伯驹曾用自家一套豪宅换取一幅中国古代传世名画。中华人民共和国成立后，他又分文不取把这幅国宝捐献给了国家，可见其爱国之心至真至诚。

我也是一个喜欢收藏的人，我的收藏经历是从马路边开始的。中国改革开放后，大批旧房被拆迁，一批老物件被主人摆在马路边上任人选购，让人眼花缭乱。我上下班时骑着自行车一边走一边看，漂亮的古瓷瓶似乎远远地向我招手，精彩的小玉件也在向我抛媚眼，我兴奋地奔过去，跳下车向主人问个价，觉得合适马上就买。有一次我出差到西安，在武则天的无字碑前刚买了一件老子骑青牛的小青铜器，身边马上就围上了一大群小贩，他们都把东西往我手里塞，结果我买了一大包，陪我观光的朋友都说我是到西安扶贫来啦，而我却自得其乐。真正让我把收藏当做事业来做的转折点，是缘于《元瓷新鉴》一书。这部书让我对元瓷发展的来龙去脉有了较全面的了解。我认为《元瓷新鉴》一书对元官窑的发现和评价是意义重大的，这一成果已远远超越了英国人、美国人对元瓷的研究。我们中国收藏爱好者有责任、有义务去巩固这一成果，用更多的实物去证明元官窑存世的真相。于是，我从过去以个人兴趣爱好去收藏，转变为对逝去历史的尊重，为了还原历史真相而有目的、有选择地去收藏。因为我清楚：我是在做一件有意义、有价值的事，我是为子孙后代去收藏，是为天下人去收藏。

人生如船，梦想是帆。当一个人梦想的风帆扬起时，就不会恐惧身边的惊涛骇浪；当一个人有目标时，全世界都会为你让路。经过多年的寻寻觅觅，我终于找到了一些元官窑瓷器。当我把这一信息告诉给内蒙古人民出版社马东源编审时，得到了他热情的鼓励和及时的支持。原来他也是当年出版《元瓷新鉴》一书的主要参与者。十几年前，《元瓷新鉴》一书为我们研究元瓷打开了一扇窗。今天，内蒙古人民出版社又为我的新书出版给予了鼎力支持。特别是马东源和李向东编辑为本书的出版倾注了很多心血，他们的敬业精神令我感动。在此，我深表感谢！同时，在出书的过程中，还得到了我的至亲好友的全力相助，在此一并表示谢意。

元瓷研究早已成为了一个国际性的课题，而我的发现只是元瓷冰山的一角。元瓷近百年的历史，绝不是由几件青花瓷和御府器所能代替的。元瓷研究任重道远。面对这一历史使命，我们中国人理应成为元瓷研究的主力军。

只有预见，方能遇见。一个有梦想、有创造力的民族才是有未来、有发展的民族。我们是最幸运的一代中国人，赶上了改革开放的历史年代。我的"中国梦"就是要在中国建立起世界顶尖的元

瓷研究机构，我愿意把我所收藏的全部元瓷都奉献给这一事业。同时，我还要去寻找到更多的实物来证实在中国历史上一个伟大王朝曾经创造的辉煌，以此证明我们中华民族是一个非常优秀的民族，为中华民族的伟大复兴尽绵薄之力。

由于本人涉足收藏领域时间很短，因此在本书的编写过程中难免有不当之处，敬请有关专家学者多多赐教。希望这本书出版后，我能以瓷会友，结识更多有志于元瓷研究的同仁，共同去探索和发现被历史尘封了七百多年的元瓷世界。

作　者
2015 年元月